Anke Fröchling

Wertschätzend korrespondieren

Wie Sie mit Wissen, Einfühlung und Respekt erfolgreiche E-Mails und Briefe schreiben.

© Anke Fröchling 2021

Lektorat: Dr. Silja Schoett
Korrektorat: Dr. Anette Nagel, Contexta Lektorat
Autorenfoto: Peter Neusser Fotografie

Verlag & Druck: tredition GmbH, Halenreie 40–44, 22359 Hamburg

ISBN
Paperback: 978-3-347-33746-6
Hardcover: 978-3-347-33747-3
E-Book: 978-3-347-33748-0

Das Werk einschließlich seiner Teile ist urheberrechtlich geschützt. Jede Verwertung ist ohne Zustimmung des Verlages und des Autors unzulässig. Dies gilt insbesondere für die elektronische oder sonstige Vervielfältigung, Übersetzung, Verbreitung und öffentliche Zugänglichmachung.

Bibliografische Information der Deutschen Nationalbibliothek:

Die Deutsche Nationalbibliothek verzeichnet diese Publikation in der Deutschen Nationalbibliografie; detaillierte bibliografische Daten sind im Internet über http://dnb.d-nb.de abrufbar.

Inhalt

Kurz vorweg 7

1 Wertschätzend korrespondieren? **9**
    1.1   Was bedeutet Wertschätzung genau? 9
    1.2   Welche Vorteile hat es, wertschätzend zu schreiben? 10
    1.3   Wie erreiche ich es, wertschätzend zu schreiben? 11

2 Verständlich, freundlich und frisch formulieren **13**
    2.1   Übersichtliche Sätze bauen 14
    2.2   Staubfrei schreiben 18
    2.3   Mehr Verben verwenden 20
    2.4   Aktiv schreiben 21
    2.5   Auf den Punkt bringen 23
    2.6   Positiv formulieren 25
    2.7   Verständlich und anschaulich texten 26

3 Klar strukturieren und ansprechend gestalten **31**
    3.1   Die einfache Struktur von E-Mails und Briefen 31
    3.2   Beispiel für eine detaillierte Struktur 32
    3.3   Die Sandwich-Technik 33
    3.4   Übersichtlich und korrekt gestalten 33

4 Die Netiquette für wertschätzende E-Mails **37**
    4.1   Grundsätzliche Tipps 39
    4.2   Stil/Tonfall 43
    4.3   Form und Formales 52
    4.4   Vor dem Senden – kleine Checkliste speziell für E-Mails 57

Überleitung zum nächsten Teil des Buches **59**

**5 Die Balance zwischen Selbstverständnis und Einfühlung –
das Vier-Farb-Modell** **61**
    5.1   Mich selbst einschätzen 63
    5.2   Mein Unternehmen einschätzen 66
    5.3   Meinen Korrespondenzpartner einschätzen 70

6	Sich miteinander wohlfühlen – das Riemann-Thomann-Modell	79
6.1	Hintergrund des Konzepts	80
6.2	Die vier Grundtendenzen	80
6.3	Wichtig für das Verständnis des Modells	82
6.4	Arbeitsschritte	83
6.5	Anwenden des Modells auf Ihren Korrespondenzpartner	100
6.6	Alternative zu Test und Heimatgebiet: Checkliste Korrespondenzpartner	104
6.7	Herausforderungen, Gewinn und Erkenntnisse	109

7	Ich bin okay, du bist okay – die Transaktionsanalyse	113
7.1	Die vier Lebensanschauungen der TA	114
7.2	Die drei inneren Ich-Zustände der Persönlichkeit	116
7.3	Transaktion: Bedeutung und verschiedene Arten	120
7.4	Wie kann ich die TA für wertschätzende Korrespondenz nutzen?	132

8	Wertschätzend schreiben – auf Grundlage der gewaltfreien Kommunikation	135
8.1	Erster Schritt: Beobachtung	140
8.2	Zweiter Schritt: Gefühle erkennen und benennen	144
8.3	Dritter Schritt: Bedürfnisse erkennen	162
8.4	Vierter Schritt: Bitte formulieren, Handlung auslösen	172

9	Sich selber wertschätzen	179
9.1	Psychohygiene	179
9.2	Sich selber wertschätzen lernen	186

10	Wertschätzend korrespondieren – ein Fahrplan	195

11	Anhang	201
11.1	Lösungsvorschläge für die Übungen	201
11.2	Freies Schreiben – Anleitung und Beispiel	211
11.3	Literatur und Internetquellen	213
11.4	Dankeschön	214
11.5	Die Autorin	215
11.6	Stichwortverzeichnis	216

Kurz vorweg

Zum Thema *Gendern*, also geschlechtergerechte Schreibweisen: Jede Person sollte sich im Sprachgebrauch gleichbehandelt fühlen. Wenn dies jedoch dazu führt, dass die schriftliche Sprache unübersichtlich, unverständlich und optisch zerrupft wird, dann ist das nicht respektvoll der Leserin und dem Leser gegenüber.

Ich habe da geschlechtergerecht formuliert, wo es möglich war, ohne den Stil deutlich zu verkomplizieren. Und immer da, wo ich nur eine Form nenne, sind selbstverständlich alle Geschlechter gemeint.

Damit Sie sich orientieren können, ein paar Worte zum *Aufbau des Buches*.

In den **Kapiteln 1 bis 4** geht es um die Basis für wertschätzende Korrespondenz:

- wertschätzend korrespondieren – warum es sich lohnt
- verständlich, freundlich und frisch formulieren – sechs Tipps mit vielen Beispielen
- klar strukturieren und ansprechend gestalten – das Wichtigste zu Aufbau und Layout
- die Netiquette für wertschätzende E-Mails – Fettnäpfchen vermeiden, höflich sein, Erfolg haben

Die **Kapitel 5 bis 9** machen Sie vertraut mit praxisorientiertem Wissen über *wertschätzende Kommunikation* – immer mit dem Fokus auf die Korrespondenz. Es möchte Sie dabei unterstützen, zwischen den Zeilen zu lesen, eine wertschätzende innere Haltung zu entwickeln und sich selbst zu reflektieren. Für E-Mails und Briefe, mit denen Sie Konflikte lösen und ihnen vorbeugen. Und mit denen Sie Ihre Leserin, Ihren Leser erfreuen können. Folgendes erwartet Sie hier:

- Nützliches auf dem Weg zur Wertschätzung – verschiedene Modelle aus der Kommunikationslehre und der Psychologie kurz und praxisnah vorgestellt
- wertschätzend schreiben in vier Schritten – eine aktivierende Anleitung zu einer neuen Art des Korrespondierens
- sich selbst wertschätzen – Impulse und Übungen für Psychohygiene und Selbstannahme

In **Kapitel 10** finden Sie einen *Fahrplan*, der das Thema *Wertschätzend korrespondieren* auf den Punkt bringt. Es soll Sie dabei unterstützen, das Gelesene zu erinnern, anzuwenden und umzusetzen.

Mein Buch versteht sich als Impulsgeber und Werkzeugkasten. Es soll interessant und nützlich für Sie sein. Ob dies gelingt, können nur Sie als Leserin oder Leser beurteilen. Geben Sie mir gern ein konstruktives Feedback: anke.froechling@schreibcoaching.de. Ich freue mich außerdem über wertschätzende Rezensionen auf den Internetseiten der Buchhändler.

1 Wertschätzend korrespondieren?

1.1 Was bedeutet Wertschätzung genau?

Auf den Punkt gebracht bedeutet wertschätzen, den Wert von jemandem oder von etwas bewusst wahrzunehmen und anzuerkennen: den Wert eines Menschen, einer Beziehung, der Natur, eines Werks, einer Sache, einer Entwicklung ...

Wertschätzung entsteht, wenn Menschen versuchen, nach den folgenden Maximen zu leben:

- anderen Menschen mit Respekt, Wohlwollen und Achtung begegnen
- nach dem Guten suchen, auch hinter störenden Verhaltensweisen
- positiv auf Menschen zugehen – freundlich, offen, interessiert und zugewandt
- akzeptieren, dass es Unterschiede gibt: Werte, Meinungen, Kultur, Aussehen, Verhalten, Bedürfnisse, Gefühle, Gedanken, Wünsche
- sich in den anderen hineinzuversetzen, die Situationen aus seinen Augen heraus sehen
- sich auf gleicher Augenhöhe bewegen – den anderen nicht abwerten, aber auch nicht aufwerten
- sich weder als Opfer noch als Täter fühlen und verhalten
- davon überzeugt sein, dass jedes Lebewesen die gleichen Grundrechte hat
- Respekt vor den Grenzen des anderen haben
- Fehler und Schwächen bei sich selbst eingestehen und beim Gegenüber annehmen
- um Entschuldigung bitten können
- es wiedergutmachen wollen
- den anderen nicht noch einmal ärgern oder verletzen wollen
- auf Vorwürfe, Angriffe und destruktives Schweigen verzichten

Wertschätzung beruht also auf einer inneren Grundhaltung. Sie bezieht sich auf den ganzen Menschen, sein Wesen. Sie ist eher unabhängig von Taten oder Leistung.

Wertschätzung hängt immer auch mit Selbstwert zusammen: Menschen mit hohem Selbstwert haben öfter eine wertschätzende Haltung anderen gegenüber, werden öfter von anderen wertgeschätzt.

Empfangene und gegebene Wertschätzung stärkt das Selbstwertgefühl – sowohl beim Empfänger als auch beim Geber.

1.2 Welche Vorteile hat es, wertschätzend zu schreiben?

Korrespondenz ist schriftliche Kommunikation, ein Gespräch über den Weg des geschriebenen Wortes. Für das Verbessern der zwischenmenschlichen Kommunikation gibt es schon viel theoretisches Wissen und lösungsorientierte Methoden. Ziel dieses Buches ist es, das Thema Wertschätzung auf den Bereich der Korrespondenz zu übertragen. Denn wie viel Missverständnisse, wie viel Ärger, wie viel Konflikte könnten vermieden werden, wenn beide Seiten alles daransetzen würden, wertschätzend zu schreiben!

Sie können natürlich nicht davon ausgehen, dass Ihre Korrespondenzpartnerinnen und -partner sich auch mit diesem Thema beschäftigen. Aber Sie können selber Ihr Bestes geben und damit sehr positive Reaktionen erleben. Wertschätzung steckt an!

Für Sie selber:

▶ Sie erleben mehr Spaß beim Korrespondieren.
▶ Sie bekommen positive Rückmeldungen von Kollegen, Vorgesetzten, Kunden, Geschäftspartnern.
▶ Sie können gleichzeitig Ihre mündliche Kommunikation verbessern.
▶ Sie können sich persönlich weiterentwickeln.
▶ Sie verbessern auch Ihre private Kommunikation.

Für Ihr Unternehmen:

- Ihre Mitarbeiter und Ihre Kollegen sind motivierter.
- Sie wissen noch besser, wie Sie Konflikten vorbeugen können.
- Konflikte eskalieren weniger und lassen sich leichter lösen.
- Ihre Kunden sind zufriedener, dadurch entstehen weniger Kosten durch das Beschwerdemanagement.
- Das positive Image wirkt gestärkt, Ihr Unternehmen wirkt sympathisch.
- Sie machen mehr Umsatz.
- Sie gewinnen das Know-how und die Werkzeuge für gelebte positive Werte.
- Ihre Mitarbeiter sind seltener und kürzer krank.

Für Ihre Kunden:

- Ihre Kunden fühlen sich gesehen, verstanden, respektiert.
- Ihre Kunden sind zufriedener, positiv überrascht oder sogar begeistert.
- Ihre Kunden müssen sich weniger ärgern.
- Ihre Kunden bauen Vertrauen zu Ihnen, zu Ihrem Unternehmen auf.

Dieses Buch will Sie dabei unterstützen, zu einer wertschätzenden Haltung, Kommunikation und Korrespondenz zu finden.

1.3 Wie erreiche ich es, wertschätzend zu schreiben?

Indem ich ...

- ... mir bewusst mache, warum wir uns gerade heute so nach Wertschätzung sehnen.
- ... den Funken auf mich überspringen lasse angesichts all des Positiven, das zurzeit geschieht.

… mich in die Leserperspektive hineinversetze.

… lerne, verständlich, aktuell und auf gleicher Augenhöhe zu schreiben.

… meiner Leserin, meinem Leser positiv, freundlich, herzlich schreibe.

… meine Briefe und E-Mails leserfreundlich strukturiere.

… die Texte ansprechend und korrekt gestalte.

… die Netiquette für E-Mails berücksichtige.

… verschiedene Kundentypen passend anschreibe.

… im Unternehmen positive Werte definieren und umsetzen helfe.

… mir überlege, wie ich selber gern behandelt werden möchte.

… über meine eigenen Werte nachdenke.

… mich mit grundlegenden psychologischen Mechanismen und Modellen beschäftige.

… mich selber erforsche und dazu bereit werde, mich zu öffnen.

… gewaltfrei kommuniziere.

… mich selber wertschätze.

Diese Punkte sind der Fahrplan für dieses Buch. Sie werden Informationen und Tipps erhalten. Ich werde Ihnen verschiedenste Checklisten, Beispiele und Methoden an die Hand geben. Und ich werde Sie immer wieder dazu einladen, aktiv zu werden: damit Sie das Wissen über das wertschätzende Korrespondieren so gut wie irgend möglich aufbauen, vertiefen und umsetzen können.

2 Verständlich, freundlich und frisch formulieren

Wertschätzend schreiben ist auch in einem Sprachstil möglich, der nicht mehr dem entspricht, wie wir uns heute ausdrücken. Vorausgesetzt, er ist höflich und verständlich. Und auch der aktuelle Schreibstil schützt nicht automatisch davor, dass die Leserin oder der Leser sich wertgeschätzt fühlt. Besonders bei konservativen, älteren, traditionsbewussten Menschen ist sogar eine gewisse Vorsicht angesagt mit zu forsch-frischen Formulierungen.

Für die überwiegende Zahl an Lesern, Kunden, Empfängern aber gilt: Schreiben Sie staubfrei und verständlich, positiv und auf den Punkt gebracht, lebendig und anschaulich! Das bedeutet natürlich, frisch, freundlich oder zumindest sachlich. Das heißt auf gleicher Augenhöhe, weg vom Amts- oder Kaufmannsdeutsch des letzten Jahrhunderts, in den Kontakt zur Leserin, zum Leser.

Warum hält sich das Amts-, Juristen-, Kaufmannsdeutsch so hartnäckig? Das hat verschiedene Ursachen, unter anderem die folgenden:

- In den Schulen wird mit veralteten Büchern gelehrt.
- Berufsschulen unterrichten teilweise anhand von veralteten Materialien.
- In den Universitäten wird in zahlreichen Fachbereichen immer noch unverständliches Wissenschaftsdeutsch verwendet und geradezu erwartet.
- In den Unternehmen gibt es einen großen Fundus an veralteten Textbausteinen.
- Verstaubte Formulierungen werden unreflektiert übernommen und verteidigt.
- Viele Mitarbeiter fühlen sich sicherer mit den althergebrachten Formulierungen.
- Der Zeitdruck im Alltagsgeschäft macht ein dauerhaftes Anwenden des aktuellen Schreibstils schwierig.
- Sparmaßnahmen führen dazu, dass kaum Schulungen angeboten werden.
- Es findet keine konstante Pflege des Sprach- und Schreibstils im Unternehmen statt.
- Es gibt keine Verantwortlichen für eine aktuelle Unternehmenssprache.

Als Korrespondenztrainerin und -beraterin bekomme ich Einblicke in viele verschiedene Unternehmen aus unterschiedlichen Branchen.

Eine meiner Missionen ist es, frischen Wind in die Unternehmenskorrespondenz zu bringen. Ich erlebe es immer wieder, dass sich die Seminarteilnehmer, die Projektmitarbeiter, die Führungskräfte und natürlich die Kunden zunehmend begeistern für diese Art zu schreiben. Obwohl sie gar nicht so ganz neu ist. Der Schreibstil, den ich mit den folgenden Tipps präsentiere, entwickelt den schon seit etlichen Jahren gelehrten modernen Briefstil weiter.

Bringen Sie also Ihren Schreibstil auf den neuesten Stand. Oder fühlen Sie sich bestätigt, wenn Sie diese Tipps bereits anwenden. Diese sind Grundlage für eine schriftliche Sprache, die die Leserinnen und Leser abholt, die verständlich, frisch, natürlich und respektvoll ist. Sie sind einer der Pfeiler, auf dem die wertschätzende Korrespondenz ruht.

2.1 Übersichtliche Sätze bauen

Im Deutschen lassen sich die unglaublichsten Bandwurm- und Schachtelsätze bauen. Das liegt unter anderem an der Syntax, also an der Lehre vom Bau des Satzes. Diese lässt in der deutschen Sprache die unterschiedlichsten Varianten zu, an welche Position im Satz ich welches Satzglied stelle.

Aber gerade in der Korrespondenz ist es nicht günstig, wenn der Leser lange nach den für ihn wesentlichen Informationen im Satz suchen muss. Besonders schwierig ist das zum Beispiel für Nicht-Muttersprachler, Menschen mit einfacher Bildung und natürlich auch für Kinder. Deshalb gebe ich Ihnen an dieser Stelle folgende Tipps für verständliche Sätze:

1. Satzlänge

Als Faustregel: Schreiben Sie maximal 15 Wörter pro Satz. Ein Satz darf natürlich auch mal etwas länger sein, wenn der Satz verständlich aufgebaut ist.

Ebenfalls wichtig: Lauter kurze Sätze hintereinander können langweilig, abgehackt und atemlos wirken. Deshalb empfehle ich Ihnen, die Satzlänge zu variieren, aber sich grundsätzlich an der für Korrespondenz günstigen maximalen Wortzahl zu orientieren.

Nutzen Sie die ganze Palette der Satzzeichen – Doppelpunkt, Gedankenstrich und Aufzählungspunkte können Ihnen dabei helfen, verständliche und lebendige Sätze zu bauen.

Ein langer Satz	Mehrere kurze Sätze
Ich habe Sie aus unserem Verteiler gelöscht, es kann allerdings nochmal Post in den nächsten Wochen für Sie ankommen, da es etwas dauert bis die Änderung im System greift.	Ich habe Sie aus unserem Verteiler genommen. Innerhalb der nächsten Wochen kann allerdings noch Post für Sie ankommen – es dauert etwas, bis die Änderung im System greift.
Bitte sende uns umgehend das beiliegende Anmeldeformular sowie die Kostenübernahmeerklärung ausgefüllt und unterschrieben zurück, damit wir dich verbindlich zum Seminar anmelden können.	Bitte schicke uns die Formulare *Anmeldung* und *Kostenübernahme* ausgefüllt und unterschrieben zurück. Dann können wir dich verbindlich zum Seminar anmelden.
Die am Montag in der Besprechung erarbeiteten Dokumente Projektablauf und Finanzierungsplan erhalten Sie zusammen mit dem Info-Blatt der Handelskammer nach Fertigstellung des Protokolls Ende der Woche per E-Mail.	Sie erhalten Ende der Woche folgende Dokumente: • Protokoll der Besprechung vom Montag • Projektablauf • Finanzierungsplan • Infoblatt der Handelskammer

Tabelle: Satzlänge

2. Satzbau

Darüber hinaus sollten im Satz folgende Teile immer möglichst nah zusammenstehen:

1) **Artikel und Substantiv**
2) **Subjekt und Prädikat**
3) **Die beiden Hälften des Verbs**

1) Artikel und Substantiv

Auch zwischen den zusammengehörigen Wortarten **Artikel** und **Substantiv** lassen sich im Deutschen eine Menge Wörter unterbringen – das Ganze nennt sich dann Stopfstil. Das ist schwer lesbar und dadurch in der Korrespondenz nicht glücklich.

Bringen Sie Details lieber in einem Nebensatz oder in einem weiteren Satz unter!

Gestopft	Verständlich
Die von den Organisatoren wegen des Lockdowns zunächst abgesagte und dann eigentlich für Februar geplante **Konferenz** wird nun online stattfinden.	Wegen des Lockdowns haben die Organisatoren **die Konferenz** zunächst abgesagt. Sie war dann für Februar geplant. Jetzt wird sie online stattfinden.
Der auf Ihre Bedürfnisse hin ausgerichtete, stets freundliche, engagierte und hilfsbereite **Kundenservice**, den Sie gern bewerten können, ist 24 Stunden für Sie da.	**Der Kundenservice** ist 24 Stunden für Sie da. Wir möchten, dass Sie zufrieden sind. Sind wir immer freundlich, hilfsbereit und engagiert? Bewerten Sie uns gern.

Tabelle: Satzbau – Artikel und Substantiv

2) Subjekt und Prädikat

Das **Subjekt** ist die Antwort im Satz auf die Frage *Wer oder was?* und das **Prädikat** ist das dazugehörige Verb. Das sind die für den Leser wichtigsten Information, um einen Satz zu verstehen.

Typisch deutsch: Das Verb steht ganz am Ende eines langen Schachtelsatzes. Dadurch rätselt der Leser die ganze Zeit herum, um erst am Ende endlich zu erfahren, was das Subjekt denn nun tut. Da er den Sinn des Satzes erst am Schluss versteht, kann er die Details und Informationen zwischen Subjekt und Prädikat vermutlich schwer aufnehmen.

Gestopft	Verständlich
Im Ausland ansässige Firmen, über die wir vor allem unsere elektronischen Fahrzeugteile beziehen, können aufgrund der geschlossenen Grenzen nicht liefern.	Unsere elektronischen Fahrzeugteile beziehen wir im Ausland. Aufgrund der geschlossenen Grenzen können diese Firmen zurzeit nicht liefern.
Die Teilbeträge, die sich aus den zeitlich weit auseinanderliegenden Bestellungen und der seit Januar wieder auf 19 Prozent erhöhten Mehrwertsteuer ergeben, sind aus der Rechnung ersichtlich.	Die Teilbeträge sind aus der Rechnung ersichtlich. Sie ergeben sich dadurch, dass ... • die Bestellungen zeitlich weit auseinanderliegen und • die Mehrwertsteuer seit Januar wieder 19 Prozent beträgt.

Tabelle: Satzbau – Subjekt und Prädikat

3) Die beiden Hälften des Verbs

Für den Leser ist es ebenfalls nicht günstig, wenn ein zweiteiliges Verb durch den Satzbau auseinandergerissen wird und zu viele Wörter dazwischenstehen. Auch hier ist er damit beschäftigt, nach dem zweiten Teil zu fahnden, und nicht damit, alle Informationen aufzunehmen.

Entweder ich stelle den Satz um, oder ich wähle stattdessen ein gleichbedeutendes einteiliges Verb:

Verständlich, freundlich und frisch formulieren

Zerrupft	Verständlich
Der Vorstandsvorsitzende **wies** sich unter anderem durch verschiedene Vorträge, Zeitschriftenartikel, Interviews und Buchbeiträge als Experte für die internationale Finanzwirtschaft **aus**.	Der Vorstandsvorsitzende **wies** sich als Experte für die internationale Finanzwirtschaft **aus** – unter anderem durch verschiedene Vorträge, Zeitschriftenartikel, Interviews und Buchbeiträge. Oder ein einteiliges Verb wählen: Der Vorstandsvorsitzende **bewies** sich als Experte für die internationale Finanzwirtschaft – unter anderem durch verschiedene Vorträge, Zeitschriftenartikel, Interviews und Buchbeiträge.

Tabelle: Satzbau – zweiteilige Verben

2.2 Staubfrei schreiben

Staubfrei schreiben bedeutet, bürokratische Floskeln zu ersetzen durch eine natürliche, frische Sprache. Schreiben Sie professionell, ohne dabei steif und altbacken zu klingen. Das heißt vor allem, keine Wörter aus der Mottenkiste benutzen. Fragen Sie sich: Wie würde ich es freundlich, sachlich, höflich zur Kundin, zum Kunden sagen?

Greifen wir uns also einen Staubwedel und bringen Frische und Natürlichkeit in unsere Sprache. Wenn wir per E-Mail korrespondieren, wirkt es übrigens umso weltfremder, wenn wir mit den alten Floskeln hantieren. Denn elektronische Post ist im Vergleich zum Brief ein aktuelles und unbürokratisches Medium.

Die folgende Tabelle stellt typische Formulierungen und Worte gegenüber:

Konservativ	Aktuell, lebendig
anbei senden wir Ihnen	heute schicken wir Ihnen / Ich hänge Ihnen die Datei im ...-Format an. / mit diesem Brief erhalten Sie ...
bereits	schon
Bitte entschuldigen Sie die entstandenen Unannehmlichkeiten.	Ihnen ist dadurch Ärger und zusätzliche Arbeit entstanden. Bitte entschuldigen Sie!
dankend bestätigen wir Ihnen den Eingang Ihrer ...	vielen Dank für Ihre ...
dementsprechend	deshalb
demnach	also, deshalb
des Weiteren	darüber hinaus, außerdem
Für Fragen stehen wir Ihnen jederzeit zur Verfügung.	Wenn Sie Fragen haben, können Sie sich gern melden.
gegebenenfalls	falls, wenn
Gemäß § ... ist derzeit ...	Aktuell ist ... (§ ...)
hiermit	heute, mit diesem Brief, schriftlich
hinsichtlich	für, wegen, zu
Ihrerseits	Sie, von Ihnen, Ihre
in Kenntnis setzen	informieren
in Rechnung stellen	berechnen
lediglich	nur
mangels	es fehlen, fehlt / wir brauchen noch ...
seitens	von
verfügen über	haben
wir nehmen Bezug auf den Sachverhalt vom ...	es geht um das Ereignis vom ...
zu einem späteren Zeitpunkt	später
zum Zwecke	für, damit
zwischenzeitlich	inzwischen

Tabelle: Staubfrei schreiben

2.3 Mehr Verben verwenden

Die Deutschen verwenden im Vergleich zu anderen Sprachen besonders viele substantivierte Wörter, das heißt hauptwörtlich gebrauchte Wörter anderer Wortarten.

Wir haben die „echten" Substantive: Tisch, Glas, Stift, Arbeit, Briefkasten und so weiter. Und dann gibt es unzählige substantivierte Wörter, die man häufig an ihrem Ende erkennen kann, nämlich an -ung, -heit-, keit, -tion, -tät, -nis, -ing ... Das sind Wörter wie beispielsweise Bearbeitung, Vornehmheit, Tätigkeit, Interaktion, Ärgernis, Meeting.

Besonders die „ung-Wörter" tummeln sich in unserer Sprache, aber auch andere hauptwörtlich gebrauchte Wörter. Vergleichen wir ein paar Sätze miteinander:

Substantiviert	mit Verben ausgedrückt
Der Vorstand hat gestern eine Korrektur des Unternehmenskurses vorgenommen.	Der Vorstand hat gestern den Unternehmenskurs korrigiert.
Wir bitten um Bestätigung des Termins.	Bitte bestätigen Sie den Termin.
Die momentane Lage stellt eine große Belastung für unsere Kunden dar.	Die momentane Lage belastet unsere Kunden sehr.
Mit der Umstellung auf die neue Technik ist eine Steigerung der Geschwindigkeit unserer Produktauslieferung möglich.	Ab August stellen wir auf die neue Technik um. Dadurch ist es möglich, unsere Produkte schneller auszuliefern.
Die Anlage der Kundennummer ist von Wichtigkeit für den Bestellvorgang.	Die Kundennummer anzulegen, ist für den Bestellvorgang wichtig.
Wir verstehen, dass dies für Sie ein Ärgernis ist.	Ich verstehe, dass Sie sich darüber ärgern.
Unter Berücksichtigung der positiven Reaktionen einer Vielzahl unserer Mitarbeiter gibt die Geschäftsleitung jetzt ihr Einverständnis zur neuen Gestaltung der Arbeitszeit.	Viele unserer Mitarbeiter haben positiv reagiert. Die Geschäftsführer berücksichtigen dies und sind jetzt damit einverstanden, die Arbeitszeit neu zu gestalten.

Tabelle: Mehr Verben verwenden

Wie wirken die substantivierten Ausdrücke im Vergleich zur Variante mit dem direkten Verb?

- bürokratisch, sperrig und förmlich
- distanziert, unpersönlich, abstrakt
- nicht auf gleicher Augenhöhe, leicht von oben herab

Sprechen Sie Ihre Leserinnen und Leser an, erwecken Sie Ihre Texte zum Leben! Die Namen *Tätigkeitswort*, *Tun-Wort* oder *Tu-Wort* sagen es: Hier passiert etwas, hier tut sich etwas. Mit Verben verstehen Ihre Leser Sie besser, fühlen sich persönlich gemeint, werden aktiviert, können „greifen", was Sie meinen.

2.4 Aktiv schreiben

Ihre Verben sollten Sie möglichst im Aktiv benutzen. Wir verwenden im Deutschen viel zu oft das Passiv, auch wenn es gar nicht notwendig ist. In drei Fällen kann das Passiv sinnvoll sein:

a) Sie wissen nicht, wer etwas getan hat oder tut.
b) Sie wollen oder sollen es nicht verraten.
c) Im Satz geht es um das Objekt, also das, mit dem etwas getan wird. Und nicht um denjenigen, der etwas damit tut.

Warum neigen wir häufig zum Passiv?

Wir verstecken uns, wollen uns nicht verantwortlich zeigen, nicht angreifbar machen. Wir wollen keine Namen nennen – was ja durchaus auch einmal klug sein kann. Wir wollen den Menschen hinausnehmen und die Sache in den Vordergrund stellen. Auch das kann in bestimmten Situationen und Textformen passen.

Aber wie geht es der Leserin, dem Leser mit dem Passiv?

Um einen Satz zu verstehen, brauchen wir mindestens ein Subjekt – das ist die Antwort auf die Frage *Wer oder was*? – und ein Prädikat – das ist das zum Subjekt gehörende Verb. *„Die Frau arbeitete"*, ist also eine Aussage, unter der sich die

Leser etwas vorstellen können. Wenn ich schreibe „*Es wurde gearbeitet*", kann ich mir die Situation viel weniger konkret vorstellen. Mit dem Passiv entsteht kein inneres Bild, mit dem Aktiv entsteht es!

Darüber hinaus sind wir Menschen und möchten auch mit Menschen zu tun haben. Ich wünsche mir doch einen Ansprechpartner. Ohne dieses Gegenüber fühle ich mich ein Stück weit ohnmächtig, wie von einer höheren Macht oder namenlosen Instanz behandelt.

Hinzu kommt, dass passiv formulierte Texte oft langweilig und altmodisch wirken – das Aktiv ist sprachlich frischer, klarer, stärker.

Die folgenden Beispiele können das veranschaulichen:

Passiv	Aktiv
Die Teile wurden von unserem technischen Dienst geprüft.	Unser technischer Dienst hat die Teile geprüft.
Ihr Antrag kann leider nicht bewilligt werden.	Wir können Ihren Antrag leider nicht bewilligen.
Es wurde gestern beschlossen, dass die Produktion ab sofort für drei Monate gedrosselt wird.	Der Vorstand hat gestern beschlossen, dass wir die Produktion ab sofort für drei Monate drosseln.
Es wird empfohlen, eine Reiserücktrittsversicherung abzuschließen.	Wir empfehlen Ihnen, eine Reiserücktrittsversicherung abzuschließen.
Die Qualität des Stativs wird zurzeit vonseiten unseres Zulieferers verbessert.	Unser Zulieferer arbeitet gerade daran, die Qualität des Stativs zu verbessern.
Eine Ausnahme kann nicht gemacht werden.	Wir können hier keine Ausnahmen machen.
Das Produkt kann nur online bestellt werden.	Sie können das Produkt nur online bestellen.

Tabelle: Aktiv schreiben

2.5 Auf den Punkt bringen

Hier geht es um überflüssige Wörter und Satzteile, die Sie häufig ersatzlos streichen können:

- Vorreiter wie *hiermit teile ich Ihnen Folgendes mit*
- Füllwörter wie *eigentlich, irgendwie, einigermaßen*
- unnötige Hilfsverben wie *möchten, würden, dürfen*
- Pleonasmen (Doppelmoppel) wie *Rückantwort, Fußpedal* oder *geleistete Arbeit*

Wenn ich etwas auf den Punkt bringe, ist das leserfreundlich. Ich schätze die Zeit der Leserinnen und Leser wert. Ich mute ihnen nicht zu, sich durch aufgeblähte, schwülstige, umständliche, schwammige Texte zu quälen. Und ich erfreue sie mit einer klaren, schönen Sprache.

Lassen Sie **Vorreiter** weg. Der erste Satz in der E-Mail oder im Brief kann zum Beispiel ein Dankeschön sein oder direkt Bezug auf das Thema nehmen.

Füllwörter schwächen meistens eine Aussage ab, lassen Sie unsicher und weniger kompetent wirken. Im Mündlichen haben sich in den letzten Monaten die Wörtchen *halt* und *eben* verbreitet. In jedem Satz kommt mindestens eines der beiden vor. Ich finde das nicht schön. Versuchen wir doch, uns klar auszudrücken.

Hilfsverben sind durchaus nützlich und notwendig. Wenn ich schreibe *„Wir kommen Ihnen deshalb nicht entgegen"*, wirkt das zu hart. Schreiben wir *„Wir können Ihnen deshalb nicht entgegenkommen"*, wirkt das freundlicher.

Anders stellt es sich dar bei Formulierungen wie *„Wir möchten Sie darum bitten, uns den Antrag ausgefüllt zurückzuschicken"*. Erst einmal erklären Sie durch *„möchten"* nur Ihre Absicht. Also bitten Sie einfach. Außerdem wirkt die Aussage durch *„möchten"* leicht unterwürfig und geschraubt. Schreiben Sie freundlich, höflich, aber direkt *„Bitte schicken Sie uns den Antrag ausgefüllt zurück"*. Wenn Sie sehr respektvoll sein wollen, Sie jemanden um einen großen Gefallen bitten, dann schreiben Sie beispielsweise *„Ich bitte Sie, mir den Antrag ausgefüllt zurückzuschicken"*.

Auch das verbreitete „*Über eine Einladung zu einem persönlichen Gespräch würde ich mich sehr freuen*", klingt wenig selbstbewusst. Schreiben Sie zum Beispiel „*Ich freue mich über ein Kennenlernen*".

Zu den **Pleonasmen**: Doppelt gemoppelte Ausdrücke wie „*schwarzer Rappe*", „*zurückerstatten*", „*neu renoviert*" oder „*fundierte Grundlagen*" fallen uns vielleicht gar nicht auf. Sie wirken aber zumindest ungeschickt, und gehäuft machen sie Texte unnötig lang und umständlich.

Hier kommen ein paar Beispielsätze und -ausdrücke:

Umständlich, überflüssig, doppelt, lang	Auf den Punkt gebracht
Nachdem wir alle Unterlagen berücksichtig haben, teilen wir Ihnen nun Folgendes mit: Wir können Ihnen einen Platz im … anbieten.	vielen Dank für Ihre Unterlagen. Wir haben einen Platz für Sie im …!
Es tut uns leid, Ihnen mitteilen zu müssen, dass Ihr Antrag nicht genehmigt wurde. Die Gründe dafür sind die folgenden:	vielen Dank für Ihren Antrag. Aus den folgenden Gründen können wir ihn nicht genehmigen:
Wir möchten Sie darum bitten, uns das Formular ohne zeitlichen Verzug ausgefüllt zurückzuschicken.	Bitte schicken Sie uns das ausgefüllte Formular zügig zurück.
Ich würde mich sehr über eine Antwort freuen.	Ich freue mich sehr über eine Antwort. / Ich freue mich sehr auf Ihre Antwort.
resümierende Zusammenfassung	Zusammenfassung
Für Ihre Rückantwort haben wir Ihnen einen frankierten Freiumschlag mitgeschickt.	Nutzen Sie für Ihre Antwort gern den Freiumschlag.
Die geleistete Arbeit ist lobenswert.	Ihre Arbeit gefällt uns sehr gut.

Tabelle: Auf den Punkt bringen

2.6 Positiv formulieren

Im ganzen Buch geht es ja darum, dass es dem Leser mit Ihren Schreiben so gut wie möglich gehen soll. In diesem Kapitel geht es erst einmal darum, sich dafür zu sensibilisieren, wie einzelne Worte auf den Leser wirken. Wir vertiefen das Thema noch, wenn es um den Tonfall geht.

Bitten Sie die Leserin, den Leser. Statt *„Ihre Angaben sind nicht richtig"* schreiben Sie besser *„Bitte ändern Sie XYZ"*. Im privaten Bereich wirkt ein *„Bitte bring den Müll vor dem Essen raus"* positiver als ein *„Du hast den Müll nicht rausgebracht!"*. Vorwürfe, Kritik, Angriffe führen meistens zu Abwehr, Ignorieren oder Gegenangriff.

Ein anderes Beispiel: Die Aussage *„Wir können Ihnen noch kein Ergebnis mitteilen"* hilft dem Leser vermutlich wenig. Er ruft vielleicht am nächsten Tag wieder an und fragt nach. Auf etwas Wichtiges warten zu müssen ist unangenehm. Zu wissen, dass Ihr Leser auf etwas Wichtiges von Ihnen wartet, setzt auch Sie selber unter Druck.

Nehmen Sie also Spannung heraus und geben Sie Ihrem Leser ein Signal: Wie lange muss er ungefähr warten? Melden Sie sich dann bei ihm – oder soll er sich nach einer bestimmten Zeit noch einmal melden? Schreiben Sie deshalb lieber *„Sobald uns das Ergebnis vorliegt, informieren wir Sie darüber"*, oder sogar *„Bis zum TT.MM.JJJJ erhalten Sie das Ergebnis"*.

In der Tabelle finden Sie ein paar Sätze, die dies veranschaulichen:

Negativ	Positiv
Leider können wir Ihnen noch kein Ergebnis mitteilen.	Sobald das Ergebnis vorliegt, werden wir uns bei Ihnen melden. / Wir werden Ihnen das Ergebnis bis spätestens zum TT.MM.JJJJ mitteilen.
Ihre Kontaktdaten sind veraltet.	Bitte schreiben Sie uns Ihre aktuelle Adresse und Telefonnummer.
Sie haben uns noch immer nicht angerufen.	Wir brauchen Ihre ... Bitte rufen Sie uns bis spätestens zum ... an.
Den Vertrag können wir so nicht unterschreiben.	Damit wir den Vertrag unterschreiben können, ... Sie uns bitte noch ...

Ohne Kundennummer können wir Ihre Anfrage nicht bearbeiten.	Damit wir Ihre Anfrage bearbeiten können, geben Sie bitte Ihre Kundennummer an.
Sie haben das Passwort drei Mal falsch eingegeben. Deshalb ist Ihr Zugang gesperrt.	Wir benötigen das korrekte Passwort. Sie können unter diesem Link den Zugang entsperren:

Tabelle: Positiv formulieren

2.7 Verständlich und anschaulich texten

Ein sehr wichtiger Tipp! Wenn Ihre Leser Sie nicht verstehen, sich nicht vorstellen können, was das Geschriebene genau heißt, ...

- werden sie unsicher oder ärgern sich;
- müssen sie nachfragen – bei Ihnen oder im Extremfall bei einem Rechtsanwalt;
- bekommen Sie selbst nicht das, was Sie wollten;
- entstehen Missverständnisse, Konflikte, Misstrauen.

Das alles kostet Zeit, Nerven, Geld. Und belastet das Verhältnis zu Ihren Lesern, Kunden. Das schadet dann auch dem Image Ihres Unternehmens.

Schauen wir also die verschiedenen Themen dieses Tipps an:

1. Fremdwörter

2. Abkürzungen

3. Papierdeutsch

1. Fremdwörter

In der deutschen Sprache tummeln sich unzählige Wörter, die wir aus einer Fremdsprache übernommen haben. Viele davon haben wir im Laufe der Zeit so angenommen und von der Schreibweise her angepasst, dass wir sie gar nicht mehr als Fremdwörter wahrnehmen:

Soße stammt aus dem Französischen, wurde ursprünglich *Sauce* geschrieben und ersetzte nach und nach das (weniger elegant klingende) Wort *Tunke*.

Wir *realisieren* statt *verwirklichen*, wir sagen *Korrespondenz* statt *Schriftverkehr* und *Geografie* statt *Erdkunde*.

Sprachlich machen wir *Jogging* statt *Dauerlauf*, haben ein *Meeting* statt eine *Besprechung* und sind ein *Team* statt eine *Gruppe*.

Das alles sind Begriffe, die vermutlich die meisten unserer Leser kennen und die in der normalen Korrespondenz wenig Probleme machen dürften.

Es geht darum, überflüssige und ungeläufige Fremdwörter zu vermeiden. Was denken Ihre Leserinnen und Leser, wenn Sie mit Fremdwörtern um sich schmeißen, deren Bedeutung sie nicht (sicher) wissen? Eruieren, evaluieren, Paraphrase, Tautologie, Key Account Manager, sich committen ...

- „Was für ein Wichtigtuer!"
- „Was soll das heißen, was soll ich tun?"
- „Das heißt wahrscheinlich das und das. Aber genau weiß ich es nicht."
- „Wie nervig, ich muss ständig Wörter nachschlagen."
- „Der weiß noch nicht einmal, wie man das Wort richtig verwendet ..."
- „Was für eine weltfremde Person!"

Also: Wenn es ein gutes, kraftvolles deutsches Wort für ein ungeläufiges Fremdwort gibt, nehmen Sie es. Wenn es gleichzeitig ein Fachbegriff ist, der nur durch einen ganzen Satz „übersetzt" werden könnte, dann schreiben Sie ihn und erklären Sie ihn kurz: *„Frau Bonnert stellt morgen unsere Compliance vor. Das sind interne Richtlinien und Maßnahmen, die dafür sorgen sollen, dass wir alle gesetzlichen Bestimmungen einhalten."*

2. Abkürzungen

Auf das Thema *Abkürzungen speziell bei E-Mails* komme ich noch in Kapitel 4.2. Hier schon einmal ein paar allgemeine Hinweise:

Ein Text mit vielen Abkürzungen ist sehr schwer lesbar. Die Leser halten häufig inne und ergänzen im Kopf die abgekürzten Wörter. Das unterbricht immer wieder den Lesefluss. Unbekannte Abkürzungen führen darüber hinaus zu Unsicherheit, Missverständnissen, Ärger.

Einen umständlichen Namen dürfen Sie natürlich abkürzen, wenn Sie ihn beim ersten Verwenden ausschreiben und die Abkürzung in Klammern dahintersetzen. *Bundesrepublik Deutschland (BRD)* oder *Weltgesundheitsorganisation (WHO)*.

Abkürzungen wie u. a., z. B., o. g., i. A. zerhacken Ihren Text und sind nicht für jeden verständlich. Schreiben Sie sie aus oder lassen Sie sie weg.

3. Papierdeutsch

Mit Papierdeutsch ist eine Sprache gemeint, die trocken, weit weg von der Welt des Lesers, wenig vorstellbar, nicht greifbar ist. Das Gegenteil davon ist eine Sprache, die konkret und anschaulich ist, durch die beim Lesen ein klares inneres Bild entsteht.

Wenn eine Person in ihrem Kraftfahrzeug sitzt, vor einer Lichtzeichenanlage steht und den Fahrtrichtungsanzeiger verwendet, entsteht bei mir kein wirkliches Bild im Kopf. Wenn eine Frau in ihrem Auto sitzt, vor der roten Ampel steht und blinkt, kann ich mir das viel besser vorstellen!

Ja, gerade Behörden brauchen Oberbegriffe, um eine Ordnung zu schaffen, um Richtlinien und Gesetze zu formulieren. Es gibt noch mehr Lichtzeichenanlagen als die Ampel, nämlich zum Beispiel Anzeigetafeln auf der Autobahn oder Lichtsignale an Bahnübergängen. Es gibt auch andere Postwertzeichen als die Briefmarke, nämlich zum Beispiel die Paketmarke oder den Wertzeichenaufdruck. Wenn es im Brief an Ihre Kundin jedoch um eine Ampel geht, dann schreiben Sie doch wenn möglich auch *Ampel*. Dann weiß sie, was Sie genau meinen.

Auch bei Verben gibt es solche, die wenig greifbar sind. Sie können diese durch stärkere, anschaulichere oder auch durch ganz schlichte ersetzen:

- *anbieten* statt *unterbreiten*
- *am Steuer sitzen / ein Auto fahren* statt *ein Fahrzeug führen*
- *ist* statt *stellt dar* oder *schreiben* statt *erstellen*

Auf der folgenden Seite finden Sie noch mehr Beispiele für Sätze und Ausdrücke gegenübergestellt:

Fremdwörter, Abkürzungen, Papierdeutsch	Verständlich und anschaulich
Interpunktion	Zeichensetzung
eruieren	herausfinden, untersuchen
Kollektiv	Gemeinschaft
interdisziplinär	fachübergreifend
Facility Manager	Hausmeister
Overview	Überblick
downloaden	herunterladen
Call	Anruf, Telefonat
Tools	Werkzeuge
Customer Service	Kundenservice
Event	Konzert, Erlebnis, Veranstaltung
u. U.	(unter Umständen), eventuell, vielleicht
i. A.	(im Auftrag) *wenn möglich weglassen*
z. B.	zum Beispiel, wie, beispielsweise
u. A. w. g.	(um Antwort wird gebeten) Bitte antworten Sie bis zum …
ermitteln	herausfinden
etwas unterbreiten	vorschlagen, anbieten, vorstellen …
eine Belastung darstellen	belasten
einen Test durchführen	testen
einen Bericht erstellen	einen Bericht schreiben
eine Prüfung vornehmen	prüfen

Tabelle: Verständlich und anschaulich texten

3 Klar strukturieren und ansprechend gestalten

Was hat eine klare Textstruktur mit Wertschätzung zu tun? Indem ich mir Gedanken darüber mache, achte ich meinen Leser. Denn ich ordne meine Gedanken, anstatt meinem Leser ein Durcheinander zuzumuten. Ich unterstütze ihn dabei, sich zu orientieren. Ich hole ihn ab, heiße ihn sozusagen erst einmal willkommen. Ich geleite ihn klar strukturiert durch die Inhalte meines Schreibens. Und ich schließe den Brief oder die E-Mail ab, was einem Verabschieden gleichkommt.

Damit ergibt sich schon die klassische Gliederung in Einleitung, Hauptteil, Schluss. Ein kurzer Dank oder Bezug, dann das Thema auf den Punkt gebracht und klar geordnet und schließlich ein positiver Schlusssatz und die Grüße:

3.1 Die einfache Struktur von E-Mails und Briefen

Diese grundlegende Struktur gilt für alle beruflichen Texte – auch für E-Mails und Briefe:

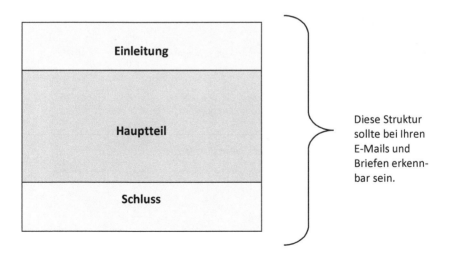

3.2 Beispiel für eine detaillierte Struktur

Damit Sie sich auch den Aufbau von komplexeren E-Mails und Briefen vorstellen können, nehmen wir ein Beispiel unter die Lupe. Es geht um die Antwort auf eine Beschwerde:

Dank + Verständnis	vielen Dank für Ihre Nachricht. Es tut uns leid, dass Sie bei Ihrer Panne nicht die benötigte Hilfe erhalten haben. Wir verstehen Ihren Ärger darüber sehr gut.
Erwartungen	Unsere Mitglieder erwarten zu Recht, dass die Pannenhilfe schnell und verlässlich vor Ort ist. Dafür steht unser Name!
Erklärung + Entschuldigung	Unsere Nachforschungen haben ergeben, dass Ihre telefonischen Angaben nicht festgehalten wurden – vermutlich durch einen Systemfehler. Damit hat der Pannenhelfer auch keinen Auftrag erhalten und Sie haben vergebens auf ihn gewartet. Bitte entschuldigen Sie vielmals, dass Sie in dieser unangenehmen Lage keine Hilfe von uns erhielten!
Maßnahmen	Wenn Sie selbst ein kostenpflichtiges Abschleppen organisiert haben, senden Sie uns doch bitte die entsprechenden Belege. Unsere Schadenregulierung Inland wird Ihnen die Kosten erstatten.
Türöffner	Als kleine Aufmerksamkeit schicken wir Ihnen mit diesem Schreiben eine Tankkarte.
positiver Abschluss	Wir freuen uns, wenn Sie sich wieder mit uns versöhnen können und wünschen Ihnen alles Gute!

Beispiel: Detaillierte Struktur einer E-Mail / eines Briefes

3.3 Die Sandwich-Technik

Wenn Sie der Leserin eine für sie schlechte Nachricht schreiben müssen, bietet sich die Sandwich-Technik an: Sie betten das Negative – respektvoll formuliert – zwischen einen positiven Einstieg und einen positiven Schluss ein.

> Sehr geehrte Frau Muster,
>
> vielen Dank, dass Sie sich auf unsere Anzeige beworben haben! Ihre Unterlagen haben uns gut gefallen, besonders Ihr Anschreiben, das sehr frisch und aussagekräftig formuliert ist.
>
> Da für die Position sehr gute Englisch-Kenntnisse Voraussetzung sind, haben wir uns jedoch für eine Mitbewerberin entschieden.
>
> Wir glauben aber, dass Sie mit Ihrer Qualifikation bald eine passende Stelle finden – auch Ihre hervorragenden Französisch-Kenntnisse können Ihnen dabei helfen.
>
> Wir wünschen Ihnen viel Erfolg bei der weiteren Suche.
>
> Freundliche Grüße

Beispiel: Sandwich-Technik

3.4 Übersichtlich und korrekt gestalten

Wenn ich einen Brief oder eine E-Mail bekomme, entscheide ich unbewusst in den ersten Sekunden, ob ich den Text gern lesen möchte. Ich freue mich, wenn der Brief oder die E-Mail übersichtlich und frisch gestaltet ist. Ich empfinde es als höflich, wenn jemand sich um korrekte Form, Rechtschreibung, Grammatik bemüht. Es ist deshalb ein Zeichen von Wertschätzung, wenn ich als Verfasserin oder Verfasser hier mein Bestes gebe.

Im Rahmen dieses Buches gebe ich einen kurzen Überblick über die Aspekte, die ich für wichtig halte. Zunächst kurz zu den „Dont's":

Was sollte ich vermeiden?

- schwer lesbare Schriftarten und -größen
- keine oder zu wenig Absätze
- zu viel Text
- fehlende optische Orientierungshilfen wie Betreff, Überschriften, Hervorhebungen, Aufzählungen ...
- zu viele Hervorhebungen
- „unechte" Absätze (Leerzeile zwischen zwei Absätzen fehlt)
- bei Briefen: zu lange Zeilen

Was sollte ich berücksichtigen?

In der folgenden Tabelle finden Sie die „Do's": unverzichtbare Kriterien für ein ansprechendes und zum Lesen einladendes Layout, das das Verstehen des Textes unterstützt:

Satz und Absatz	<ul><li>linksbündig setzen</li><li>Blocksatz ist nicht mehr aktuell, bei E-Mails wird er nie verwendet</li><li>nach 3 bis 5 Zeilen Absatz</li><li>immer eine Leerzeile zwischen zwei Absätzen</li></ul>
Schriftart und Schriftgröße	<ul><li>aktuelle Schriftart ohne Serifen (= „Füßchen", das sind kleine Querstriche an den Enden der Schriftzeichen wie zum Beispiel bei der Schriftart Times New Roman)</li><li>je nach Schriftart Größe 10 bis 12</li></ul>
Betreff	<ul><li>immer einen Betreff schreiben</li><li>aussagekräftig, kurz, aktuell</li><li>Um was geht es in der E-Mail, im Brief?</li></ul>

Hervorhebungen	▶ sparsam und gezielt hervorheben ▶ Achtung bei E-Mails – Format kann im Programm der Leser verändert angezeigt werden ▶ einzelne Begriffe fetten ▶ sehr sparsam kursiv setzen ▶ unterstreichen wirkt nicht mehr zeitgemäß ▶ Farben können bei E-Mails ebenfalls anders angezeigt werden, können jedoch dabei helfen, Passagen besser einzuordnen
Aufzählungen	▶ sehr empfehlenswert ▶ aber nicht überstrapazieren ▶ Aufzählungspunkte oder andere Symbole wirken frischer als Aufzählungsstriche
Logo, Unterschrift, Bilder	▶ bei Briefen professionelles Logo verwenden, firmenweit einheitlich ▶ bei E-Mails kein Logo in die Signatur einbinden ▶ Bilder erhöhen die Datenmenge stark, verlangsamen das Laden der E-Mail und werden bei den Empfängern eventuell nicht angezeigt
Seitenrand und Zeilenlänge	▶ bei Briefen auf ausreichend Seitenrand achten (mindestens zwei, besser drei Zentimeter) ▶ ein Text mit langen Zeilen ist schwer lesbar
Zeilenabstand	▶ einzeilig oder (bei Briefen) etwas mehr ▶ 1,5-zeilig wirkt zu sehr vertikal auseinandergezogen
Worttrennung am Zeilenende	▶ bei E-Mails keine Wörter am Zeilenende trennen ▶ bei Briefen manuell Wörter am Zeilenende trennen für eine möglichst gleichmäßige rechte senkrechte Linie
Platzierung auf der Seite	▶ bei Briefen darauf achten, dass der Text harmonisch in der Mitte des Blattes platziert ist ▶ bei Bedarf wichtige Informationen mittig setzen und fett hervorheben

Zeichen, Ziffern, Abkürzungen	▶ schrecken optisch ab ▶ machen Texte schwer lesbar ▶ möglichst wenige im Text verwenden ▶ Grundregel *Zahlen zwischen eins und zwölf ausschreiben* gilt, allerdings gibt es Ausnahmen (bei Interesse maile ich Ihnen eine Übersicht – schreiben Sie mir an anke.froechling@schreibcoaching.de)
Satzzeichen, Einschübe, Klammern	▶ Satzzeichen strukturieren Texte auch optisch ▶ die ganze Palette an Satzzeichen nutzen ▶ im Text nicht mehrfach hintereinander nutzen (außer Punkt und Komma) ▶ möglichst keine Einschübe oder Klammern mitten im Satz ▶ den Gedankenstrich für einen Nachklapp nutzen ▶ Klammern am Satzende
Papier- und Druckqualität bei Briefen	▶ Papierstärke möglichst mindestens 90 g/m² ▶ frei von Knicken, Flecken und Geruch sein ▶ auf (sehr) gute Druckqualität achten ▶ frei von Streifen, Unregelmäßigkeiten, Tintenflecken, aufdringlichem Geruch
Signatur bei E-Mails	▶ immer Signatur einfügen ▶ Signatur ersetzt nicht die Unterschrift ▶ firmenweit einheitliche Signatur mit allen wichtigen Daten
Rechtschreibung, Zeichensetzung, Grammatik	▶ immer sorgfältig Korrektur lesen (lassen) ▶ Rechtschreibhilfe und Grammatikprüfung nutzen ▶ sie ersetzen aber nicht das Korrekturlesen
DIN 5008	▶ wichtig für ein professionelles, einheitliches Layout ▶ macht Texte übersichtlich und ansprechend ▶ Richtlinien für Leerzeilen, Leerzeichen, Position auf dem Briefbogen, Schreibweise von Zahlengruppen wie Telefonnummern, IBAN, Geldbeträgen ... ▶ gilt mit Abstrichen auch für E-Mails

Tabelle: Korrekt und übersichtlich gestalten

4 Die Netiquette für wertschätzende E-Mails

Für die elektronische Kommunikation gelten aufgrund von deren Besonderheiten bestimmte Verhaltensregeln – die *Netiquette* (Net = Netz/Internet + Etiquette = Verhaltensregeln). Sie meint das gute, respektvolle, angemessene Benehmen im Netz. Das hat viel mit Wertschätzung zu tun. Ich gebe Ihnen hier einen Überblick, speziell auf das Medium *E-Mail* zugeschnitten. Es sind Empfehlungen, die nicht rechtlich relevant sind. Ich habe sie aus meiner langjährigen Erfahrung als Korrespondenztrainerin zusammengestellt und erarbeitet.

Zunächst ein Überblick über die einzelnen Themen in Form einer Mindmap. Sie liest sich von oben rechts im Uhrzeigersinn um den Mittelpunkt herum. Auch auf der linken Seite werden die Unteräste jeweils von oben nach unten gelesen. Zu jedem dieser Äste erkläre ich anschließend, was damit gemeint ist – geordnet nach den Hauptästen und in Frage-und-Antwort-Form:

Die Netiquette für wertschätzende E-Mails

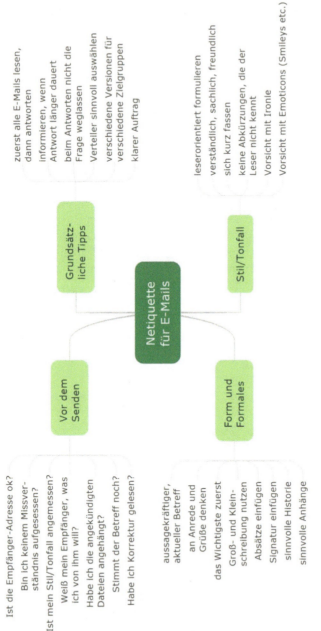

Mindmap: Netiquette für E-Mails

4.1 Grundsätzliche Tipps

Warum sollte man zuerst alle E-Mails lesen, bevor man beginnt zu antworten?

Vielleicht gibt es noch eine zweite, aktuellere Nachricht des Absenders. Eventuell hat sich dadurch der Sachverhalt geändert oder das Thema hat sich erledigt.

Warum ist es wichtig, den Leser zu informieren, wenn die Antwort länger dauert?

Die Leser von E-Mails erwarten im digitalen Zeitalter eine schnelle Antwort – eigentlich innerhalb von Minuten. Gerade dann, wenn der Kunde auf wichtige Informationen von Ihnen wartet, sollten Sie ihm eine kurze Zwischennachricht schicken, in der Sie ...

- sich für die E-Mail des Kunden bedanken,
- schreiben, wann der Kunde voraussichtlich mit dem Erwarteten rechnen kann,
- einen Grund für die Verzögerung nennen,
- Engagement zeigen (was tun Sie, damit der Kunde schnell das Erwartete bekommt?),
- um Geduld bitten sowie
- freundlich und individuell grüßen.

Das vermindert die Anspannung beim Kunden und auch bei Ihnen. Der Kunde wird vielleicht positiv überrascht, er beschwert sich (erst einmal) nicht und fragt auch nicht ständig nach.

Warum sollten Sie beim Antworten nicht die Fragen des Kunden weglassen?

Wenn der Kunde mindestens zwei Fragen gestellt hat, weiß er eventuell nicht, auf welche sich Ihre Antwort bezieht. Deshalb können Sie entweder schreiben *„Zum Thema XYZ"* oder *„Zu Ihrer Frage nach ABC"*. Oder Sie nutzen eine verbreitete Form: Sie schreiben Ihre Antworten direkt unter die Fragen des Kunden. Dazu müssten Sie allerdings unbedingt so vorgehen, damit der Kunde nicht irritiert oder verärgert reagiert:

- freundliche Anrede
- für seine Fragen danken
- ihm kurz ankündigen, dass er die Antworten auf seine Fragen in der Farbe X direkt unten in seinem Text findet
- Ihre Antworten mit Farbe X hervorheben
- unter diesen Dialog Schlusssatz formulieren
- als Letztes freundlich und individuell grüßen

So leiten Sie den Kunden ideal durch Ihre Antwort-Mail, er kann sich abgeholt fühlen und sich orientieren.

Wie wähle ich den Verteiler sinnvoll aus?

Viel zu viele E-Mails werden an zu viele Menschen geschickt, ganze Lawinen von E-Mails wälzen sich weltweit durch die Unternehmen. Wählen Sie für Ihren Verteiler einen möglichst engen Kreis aus. Fragen Sie sich:

Fragen	Notizen
Für wen ist meine E-Mail interessant und wichtig?	
Wen betrifft meine Information?	
Wer sollte oder muss sie unbedingt lesen?	
Und wen kann ich aus dem Verteiler nehmen?	

Checkliste: Verteiler sinnvoll auswählen

Nicht immer ist die E-Mail das passende Medium. Ein Anruf, ein Gang zur Kollegin im Nachbarraum helfen gerade bei komplizierten Themen dabei, die E-Mail-Flut einzudämmen, Zeit zu sparen und Missverständnissen vorzubeugen.

Warum lohnt sich die Mühe, verschiedene Versionen für verschiedene Zielgruppen zu verfassen?

Ja – es ist natürlich einfacher, eine Nachricht an einen großen Verteiler zu schicken. Die Gefahr dabei ist, dass die Empfänger denken oder sich fragen könnten:

- Und was hat das mit mir zu tun?
- Das trifft für mich ja gar nicht zu!
- Für mich sind da andere Punkte wichtig …
- So ganz passt das ja nicht zu meiner Situation!
- Warum bekomme ich diese E-Mail?!?
- Davon fühle ich mich gar nicht angesprochen.
- Darauf muss ich nicht reagieren.

Im schlimmsten Fall treten Sie durch einen für einige unpassenden Text in ein Fettnäpfchen und lösen ungewollt Unmut und Ärger aus.

Aus Respekt vor jedem einzelnen Leser überlegen Sie sich deshalb, ob Sie nicht besser den Text genau auf die Situation und die Bedürfnisse der jeweiligen Zielgruppe abstimmen und mehrere Versionen verschicken. Auf diese Weise erreichen Sie die die unterschiedlichen Personenkreise viel besser – Ihre Leserinnen und Leser fühlen sich gemeint und reagieren positiv.

Warum ist aus Lesersicht ein klarer Auftrag wichtig?

Häufig bekommen wir E-Mails und fragen uns: Schön und gut, aber was will der Mensch, das Unternehmen von mir? Wir überfliegen den Text und nehmen ihn bestenfalls zur Kenntnis. Dabei erwartet oder braucht der Sender etwas von uns. Hier fehlt der klare Auftrag. Deshalb fragen Sie sich, bevor Sie anfangen zu texten:

Fragen	Notizen
Was ist mein eigener Auftrag? Was soll ich, was will ich bei der Leserin, beim Leser erreichen?	
Was soll der Empfänger konkret tun, wenn sie oder er meine Nachricht gelesen hat?	
Wie soll sie oder er möglichst reagieren?	
Welchen Auftrag habe ich also für die Leserin, den Leser?	

Checkliste: Eigener Auftrag

Nur wenn Ihnen das selber klar ist, können Sie das auch unmissverständlich und ausdrücklich formulieren. Und das am besten in Form einer höflichen, motivierenden, freundlichen, aber direkten Bitte – wenn sinnvoll, mit Termin.

4.2 Stil/Tonfall

Dieses Thema ist zentral, wenn es um die Netiquette für E-Mails geht. Warum werden so viele unverständliche, unhöfliche und emotionale E-Mails verschickt?

Eine E-Mail ist schnell und unbürokratisch geschrieben – sie landet innerhalb von Sekunden beim Empfänger. Viele Verfasser nehmen sich nicht die notwendige Zeit, um ausreichend an den Leser zu denken. Sie bereiten sich vielleicht nicht vor, sie prüfen und überarbeiten ihre E-Mail nicht oder zu wenig.

Zusätzlich zur Geschwindigkeit ist die vermeintliche oder tatsächliche Anonymität ein wichtiger Punkt. Der Verfasser kann seine Meinung, seinen Ärger formlos und schnell loswerden – ohne dabei seinem Leser in die Augen zu sehen oder zumindest seine Reaktion am Telefon zu hören. So erreichen den Leser emotional aufgeladene und wenig wertschätzende E-Mails.

Wie formuliere ich E-Mails leserorientiert?

Versetzen Sie sich in die Perspektive Ihrer Leserin, Ihres Lesers. Warum genau sich diese Mühe lohnt?

- Sie vermeiden Missverständnisse, Nachfragen, Eskalation.
- Sie beugen Konflikten, Beschwerden und Vertragskündigungen vor.
- Sie erreichen leichter das, was Sie wollen.
- Sie gestalten die Beziehungen zu Ihren Korrespondenzpartnern sehr positiv.
- Sie erfreuen Ihre Leser.
- Ihre Leser fühlen sich wohl mit Ihnen und reagieren freundlich.
- Ihre Kunden sind zufriedener.
- Sie selber haben mehr Spaß und Freude am Korrespondieren.

Versuchen Sie deshalb vor dem Formulieren folgende Fragen zum Leser zu beantworten:

Fragen	Notizen
Was ist er oder sie für ein Typ?	
In was für einer Situation befindet sie oder er sich?	
Welche Fragen, Bedürfnisse, Wünsche, Empfindlichkeiten hat sie oder er?	
Mit welcher Sprache erreiche ich sie oder ihn am besten?	
Auf welchem Wissensstand ist sie oder er? Was muss ich erklären, was kann ich voraussetzen, welche Fachbegriffe oder Fremdwörter muss ich erklären oder übersetzen?	
Was sollte ich vermeiden?	

Checkliste: Leserperspektive

Nachdem Sie die E-Mail geschrieben haben, prüfen Sie diese noch einmal anhand der Fragen. Es spart Zeit, Kosten und schont Nerven, wenn Sie an der richtigen Stelle ein wenig Zeit dafür investieren. Wenn Sie wenige oder gar keine Informationen über Ihre Leserin oder Ihren Leser haben, orientieren Sie sich am besten an den Tipps aus Kapitel 2.

Warum ist es wertschätzend, so verständlich, sachlich und freundlich wie möglich zu schreiben?

Versetzen wir uns kurz in die Perspektive des Lesers: Was passiert, wenn ich einen Text nicht verstehe? Was geschieht, wenn ich mich angegriffen, kritisiert, gemaßregelt fühle? Wenn ich die E-Mail als unfreundlich empfinde?

Ich bin – je nach Typ und Situation – verunsichert oder verärgert. Vielleicht beides. Ich fühle mich nicht wertgeschätzt. Und ich frage nach, reagiere gar nicht oder so, wie ich denke, dass es ungefähr passt. Das alles ist nicht günstig für den weiteren Verlauf der gemeinsamen Korrespondenz und Beziehung.

Den Leser achten bedeutet, ihm so zu schreiben, dass er weiß, was ich von ihm will. Und das in einem zumindest sachlichen, bestenfalls freundlichen Tonfall. Was passiert, wenn ich eine unsachliche E-Mail erhalte, in der sich der Verfasser im Ton vergreift? Und wie formuliere ich es so, dass die Leserin, der Leser sich wertgeschätzt fühlt? Die Tabelle auf der nächsten Seite kann Ihnen das anschaulich machen:

Negativ	Beispiele/Erklärung	Wirkung	Positiv/Tipp
unverschämt	Kraftwörter, „Gossensprache", beleidigende Ausdrücke	Leser fühlt sich angegriffen oder gekränkt	Bitte unbedingt weglassen!
ungehalten, von oben herab	„wie bereits geschrieben ..." „Das habe ich Ihnen schon dargelegt." „Das hätten Sie eigentlich aus dem ... erkennen können."	Leser fühlt sich gemaßregelt, nicht auf gleicher Augenhöhe behandelt	„in meiner E-Mail vom ... hatte ich Sie um ... gebeten." „Auf Seite ... finden Sie unsere Informationen über ..."
Gefühle oder Reaktion des Lesers voraussetzend	„Gewiss sind Sie damit einverstanden, wenn wir ..." „Die Lieferung wird sich um zwei Wochen verspäten. Vielen Dank für Ihre Geduld."	Leser fühlt sich bevormundet, ärgert sich, fühlt vielleicht ganz anders	Sind Sie damit einverstanden, wenn wir ...?" „Die Lieferung wird in zwei Wochen bei Ihnen eintreffen. Wir bitten Sie um Geduld."
„zu" herzlich	„Lieb(st)e Frau ..." „ganz herzlichen Dank für ..." „Das ist so lieb von Ihnen!" „Herzliche Grüße aus der sonnigen ..."	kann den Leser irritieren, wenn die Beziehung nicht herzlich ist kann auf nüchterne, sachliche Menschen unangenehm wirken	Wie ist mein Verhältnis zum Leser? → entsprechend formulieren sich auf den Leser einschwingen, freundlich-sachlich schreiben
emotional aufgeladen	viele Adjektive wie „sehr", „äußerst", „unglaublich", „fantastisch", „wundervoll"	Leser geht auf Distanz, möchte selber bewerten	sachlich schreiben, Adjektive weglassen, Leser selber bewerten lassen
grenzüberschreitend	erotisch getönte Sprache zweideutige Begriffe bis hin zu eindeutig übergriffigen Worten und Inhalten	wirkt unangebracht kann äußerst irritierend bis verstörend wirken erzeugt eine für die Leserin, den Leser ungute Spannung	Unbedingt vermeiden! Wenn ich darauf reagieren muss: betont sachlich zurückschreiben, im persönlichen Gespräch klarstellen, eventuell Kontakt abbrechen

Tabelle: Der Ton macht die Musik – sachlich und freundlich formulieren

In der folgenden Tabelle finden Sie noch ein paar weitere Formulierungen, die die Leserin, den Leser ärgern könnten mit den jeweilgen Alternativen:

Formulierung	Alternative
Wir hatten Sie bereits zwei Mal darüber informiert, dass ...	Am ... und am ... hatten wir Sie darüber informiert, dass ...
Bitte beachten Sie:	Wichtig für Sie:
Wir gehen davon aus, dass Sie unser Magazin online lesen möchten.	Wenn Sie unser Magazin online lesen möchten, ...
Vielen Dank für Ihr Verständnis!	Wir bitten um Ihr Verständnis.
Gewiss sind Sie damit einverstanden, wenn wir ...	Wir ... Wenn Sie damit nicht einverstanden sind, melden Sie sich bitte bei uns.
Sie haben uns gar keine Kündigung geschickt.	Ihre Kündigung hat uns nicht erreicht.
Sie werfen uns vor, dass ... Dies weisen wir zurück.	Sie schreiben uns, dass ... Aus unserer Sicht ...
Für eine Beschwerde gibt es aus unserer Sicht keinen Grund.	Es war nicht unsere Absicht, Sie zu verärgern. Wir ... *[sachlich die eigene Vorgehensweise erklären]*
Sie hätten aus dem Anschreiben erkennen können, dass ...	In unserem letzten Schreiben haben wir Sie über ... informiert. Es tut uns leid, dass es hierbei zu einem Missverständnis gekommen ist.
Eine Kündigung ist nicht möglich. Sie haben sich nicht an die vorgeschriebene Frist gehalten.	Ihre Kündigung hat uns nicht innerhalb der vereinbarten Frist erreicht. Deshalb ist eine Kündigung erst zum ... möglich.
Haben Sie sich Ihre Kündigung auch richtig überlegt?	Wollen Sie ... nicht doch weiterhin nutzen?

Tabelle: Der Ton macht die Musik

Warum sollte ich mich gerade bei E-Mails so kurz wie möglich fassen?

Ihre Leser erhalten wahrscheinlich jeden Tag sehr viele Nachrichten. Kaum jemand ist gewillt oder kann es sich leisten, sich durch lange Texte hindurchzuarbeiten. Ihr Leser möchte vermutlich Ihre Informationen schnell erfahren und verstehen.

Hinzu kommt noch der optische Aspekt: Lesen am Bildschirm strengt an. Der Lesebereich am Bildschirm ist meist eingeschränkter, als wenn man den Text auf Papier gedruckt vor Augen hat. Im E-Mail-Programm sieht man die Nachricht zunächst nur in der Vorschau oder in einem kleinen Fenster.

Deshalb einige Tipps:

- Versuchen Sie, Ihr Anliegen, Ihre Antwort auf den Punkt zu bringen.
- Schreiben Sie so wenig wie möglich, aber so viel wie nötig.
- Achten Sie auf klare, kurze Sätze.
- Machen Sie Absätze.
- Nutzen Sie Aufzählungen, Tabellen, Grafiken.
- Streichen Sie Füllwörter.
- Streichen Sie Überflüssiges, Wiederholungen, „weiße Schimmel".
- Überlegen Sie jedoch, was Sie eventuell noch ergänzen, erklären müssen, damit Ihr Leser Sie versteht.

Beschränken Sie sich pro E-Mail auf höchstens drei Themen. Schicken Sie lieber zu einem weiteren Thema eine separate E-Mail. Eine andere Möglichkeit, wenn die Informationen zu umfangreich sind: Gestalten Sie einzelne PDF-Dokumente, die Sie anhängen. So kann der Empfänger selber entscheiden, wie viel und was genau er liest.

Was ist wichtig beim Thema Abkürzungen speziell für E-Mails?

Ja, kurz sollen E-Mails sein. Aber benutzen Sie möglichst wenige Abkürzungen und nur solche, die die Leser auch wirklich kennen.

Typisch in der sehr vom Englischen beeinflussten E-Mail-Sprache sind Abkürzungen oder Akronyme wie

- asap (as soon as possible – so bald wie möglich),
- eom (end of message – das bedeutet, dass kein Text im Formular steht, also nur die Betreffzeile gelesen werden muss) oder
- FAQ (frequently asked questions – häufig gestellte Fragen).

Schreiben Sie lieber aus und auf Deutsch, dann müssen Ihre Leser keine Rätsel raten.

Beliebt sind außerdem Abkürzungen, die als unhöflich empfunden werden könnten:

- MfG (Mit freundlichen Grüßen)
- LG (Liebe Grüße)
- GLG (Ganz liebe Grüße)
- VG (Viele Grüße)

Schreiben Sie die Grüße aus. Das ist ein Zeichen von Respekt den Lesern gegenüber, weil Sie sich diese Zeit für sie nehmen.

Warum sollte ich Ironie in E-Mails lieber vermeiden?

Zunächst einmal grundsätzlich: Kenne ich meinen Leser nicht, kann ich schon ohne Ironie in viele Fettnäpfchen treten. Das Schreiben von E-Mails verführt zu einem sehr lockeren, mündlichen Stil – ich denke nicht nach, sondern lasse meinen Gedanken freien Lauf und sende das Ganze unmittelbar nach dem Formulieren an meine/n Empfänger. Das bedeutet, dass im Unterschied zum Brief schnell etwas schwarz auf weiß beim Leser landet, das spontan, impulsiv und undurchdacht ist.

Die Gefahr dabei ist, dass ich nicht genug berücksichtige, wie mein Geschriebenes bei der Leserin, beim Leser ankommt.

Kommen wir jetzt zum Thema *Witz und Ironie*: Wenn man beim Lesen einer E-Mail unwillkürlich lächeln oder lachen muss, ist das an sich etwas Schönes. Der Humor eines Menschen kann sich jedoch sehr von dem eines anderen unterscheiden. Ob die Leserin oder der Leser etwas lustig findet, hängt von verschiedenen Faktoren ab:

- Alter
- Geschlecht und Geschlechtsidentität
- Aussehen
- Herkunft und Kultur (Heimat, Wohnort, Familiengeschichte, Traditionen, Rituale, vergangene Verletzungen und Traumata)
- Religion und Glaube
- Erziehung, Werte, Meinungen, Vorlieben und Vorbilder
- Familienstand (Single, in Beziehung, mit oder ohne Kinder)
- momentane Situation (beruflich, finanziell, sozial, gesundheitlich)
- momentane Stimmung und Gefühlslage (entspannt, gestresst, depressiv, optimistisch, traurig, fröhlich, wütend, glücklich, unzufrieden, zufrieden, besorgt, ängstlich, panisch, beunruhigt, aufgedreht, bedrückt, erschöpft, energiegeladen ...)

Je weniger ich über jemanden weiß, desto heikler sind Formulierungen, die witzig gemeint sind. Wenn ich jemandem gegenüberstehe oder -sitze, sammle ich innerhalb von Sekunden viele Informationen, zum Beispiel über sein Aussehen, seine Sprache, seine Gestik und Mimik. Darüber kann ich einschätzen, was ihm gegenüber angemessen wäre. Aus seiner Reaktion auf das, was ich ihr oder ihm sage, kann ich notfalls zurückrudern, umschwenken, um Entschuldigung bitten. Selbst am Telefon habe ich über die Stimme, den Tonfall, Sprechart und -pausen eine direkte und sinnlich wahrnehmbare Rückmeldung auf das, was ich äußere. Diese Informationen fehlen, wenn ich eine E-Mail schreibe.

Gehen Sie deshalb sehr achtsam mit lustig gemeinten oder ironischen Formulierungen um. Unter Kollegen, Freunden, langjährigen Kunden funktioniert das schon eher – aber auch da kann es Missverständnisse und negative Reaktionen geben.

Sollte ich in geschäftlichen E-Mails Emoticons nutzen?

Grundsätzlich sollten Sie mit Emoticons – also Smileys, Herzchen oder anderen Bildchen – in der geschäftlichen Korrespondenz sehr zurückhaltend sein. Diese Bildersprache kann auf Kunden unseriös, unprofessionell, zu vertraulich, zu persönlich wirken oder einfach nerven.

Es gibt zwei Lager: die einen, die selbst privat keinerlei Emoticons verwenden, die sie ablehnen, vielleicht sogar hassen. Und die anderen, die sie lieben und sehr gern benutzen, manche inflationär.

Das bedeutet, dass Sie – wenn Ihr Leser noch keine Emoticons eingesetzt hat – nicht wissen, ob er diese generell mag.

Sie können mit einem Smiley bei einem Leser, der Emoticons mag, ein Lächeln in dessen Gesicht zaubern. Er fühlt sich wohl, findet Sie freundlich-herzlich und reagiert positiv.

Ist es im Einzelfall also okay, ein Emoticon einzufügen? Dazu können Sie sich Folgendes fragen:

- ▶ Gibt es in meinem Unternehmen eine Richtlinie für den Gebrauch von Emoticons?
- ▶ Ist es dem Selbstverständnis meines Unternehmens, dem Kunden, der Hierarchie, dem Thema gegenüber angemessen?
- ▶ Wie will ich selber wirken?
- ▶ Kenne ich den E-Mail-Empfänger und weiß, ob sie oder er Emoticons mag?

Denken Sie auch daran, dass Ihre E-Mail eventuell weitergeleitet werden könnte, und sich so Dritte ein Urteil darüber bilden würden.

Tasten Sie sich also vorsichtig heran, wenn Sie selber gern Emoticons benutzen. Im Zweifelsfall verzichten Sie lieber darauf!

4.3 Form und Formales

Warum ist ein aussagekräftiger, aktueller Betreff so wichtig?

Ihr Leser öffnet morgens sein elektronisches Postfach und empfängt vermutlich eine mehr oder weniger große Anzahl an E-Mails. Wahrscheinlich überfliegt er die Absender und die dazugehörigen Betreffzeilen, um dann zu entscheiden:

- Um welches Thema geht es?
- Welche E-Mails sollte oder will ich zuerst lesen?
- Welche können warten?
- Welche lösche ich gleich, weil sie nicht relevant für mich sind?

Die Betreffzeile in E-Mails hat also verschiedene Aufgaben:

- Sie entscheidet darüber, ob und – wenn ja – wann die Empfängerin, der Empfänger die E-Mail öffnet und liest.
- Sie hilft der Leserin, dem Leser dabei, auf einen Blick zu erfassen, worum es Ihnen geht, worauf es Ihnen ankommt.
- Sie kann strategisch eingesetzt werden, um den Lesern die wichtigste Botschaft klarzumachen, sie positiv einzustimmen, sie auf etwas vorzubereiten, einen dringenden Termin zu nennen.

Deshalb investieren Sie am besten bei jeder E-Mail ein paar Sekunden, um einen treffenden Betreff zu texten – am besten, nachdem Sie den Text formuliert haben. Welche „Überschrift" kann ich meiner Nachricht geben? Mit welchen Begriffen kann ich das Wichtigste für mich, für den Leser auf den Punkt bringen? Wie kann ich die Leserin, den Leser ideal auf mein Thema vorbereiten oder einstimmen?

Wenn Sie über die Antwortfunktion schreiben, prüfen Sie, ob der Betreff noch passt. Löschen Sie alle „Re:" oder „AW:" bis auf eines. Wenn sich im Verlauf des Schriftwechsels die Themen ändern, aktualisieren Sie den Betreff.

Warum sollte ich (fast) immer Anrede und Grüße schreiben?

Gerade bei der internen Korrespondenz per E-Mail werden gern einmal Anrede und Grüße weggelassen – beliebt besonders bei Vorgesetzten, die ihre Arbeitsaufträge an den Mann oder die Frau bringen.

Das empfinden die Empfänger jedoch häufig als unhöflich. Ich komme auch nicht morgens ins Büro und gebe ohne ein *Hallo* oder *Guten Morgen* gleich die erste Anweisung. Ebenso wenig verlasse ich es abends, ohne mich zu verabschieden.

Schreiben Sie also – besonders, wenn Sie am Tag die erste E-Mail an einen bestimmten Empfänger senden – immer Anrede und Grüße dazu.

Es gibt eine Situation, in der Sie beides weglassen können: Wenn es sich zu einem Chat entwickelt, das heißt die Antworten innerhalb von Sekunden oder wenigen Minuten hin und her gehen. Diesen Punkt muss jeder für sich spüren.

Warum ist es günstig, den Inhalt der E-Mail nach Wichtigkeit zu strukturieren?

Wenn eine E-Mail mit für mich unwichtigen Inhalten beginnt, lese ich vielleicht gar nicht (aufmerksam) weiter. Je nachdem, unter welchem Zeitdruck ich stehe, scrolle ich dann gar nicht nach unten. Falls dort aber eine wichtige Nachricht stand, habe ich diese dann gar nicht aufgenommen. Deshalb gilt die umgekehrte Pyramide der Wichtigkeit:

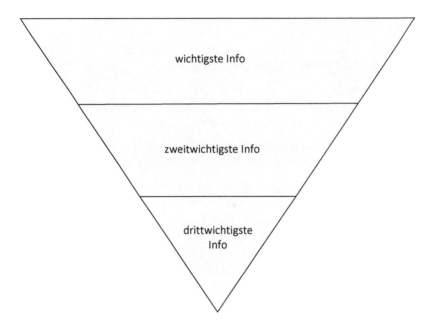

Grafik: Umgekehrte Pyramide der Wichtigkeit

Häufig kann man die am wenigsten wichtige Information weglassen – oder ins PS setzen, das es auch für E-Mails gibt. Beim PS besteht allerdings die Gefahr, dass es übersehen wird.

Ich schreibe privat gern alles klein – darf ich das in beruflichen E-Mails auch?

Egal, wie Sie es privat halten: Schreiben Sie in beruflichen E-Mails bitte auf jeden Fall ganz normal klein und groß. Es sei denn, die Richtlinien Ihres Unternehmens schreiben vor, alles kleinzuschreiben – was ich für sehr unwahrscheinlich im deutschen Sprachraum halte.

Ganz davon abgesehen, ob es im Unternehmen erlaubt ist oder nicht: Für den Leser ist ein Text, in dem alles kleingeschrieben ist, vermutlich schwer zu lesen. Es fehlt die Struktur und Orientierung durch großgeschriebene Namen, Hauptwörter und Satzanfänge. Selbst in den uns vertrauten Fremdsprachen, in denen Hauptwörter kleingeschrieben werden, gilt Großschreibung von Namen und Satzanfängen.

Ein Aspekt kommt für mich hinzu: Die radikale Kleinschreibung stammt aus der ersten Zeit des Internets, in der alles neu und cool war. Sie hat sich nicht durchgesetzt – wahrscheinlich aus den gerade genannten Gründen. Deshalb sind Sie auf der Höhe der Zeit, wenn Sie klein- und großschreiben.

Sollte ich bei E-Mails Absätze einfügen?

Ja, strukturieren Sie Ihren E-Mail-Text unbedingt optisch durch Absätze. Idealerweise sollte der erste Absatz ein bis drei Sätze, alle weiteren ein bis circa fünf Sätze enthalten – bei einer Satzlänge bis ungefähr 15 Wörtern.

Absätze sind sehr wichtig! Ohne Absätze erschlägt Ihr Text die Leser optisch. Sie könnten sich abgeschreckt fühlen, ungeduldig oder gereizt reagieren. Eine in kurze Absätze gegliederte E-Mail lädt zum Lesen ein.

Die Leser können sich schnell einen Überblick verschaffen und fühlen sich dazu ermutigt, weiterzulesen. Sie verstehen besser die verschiedenen Themen, Ihre Gedankenschritte und was Ihnen wichtig ist. Ein positiver Nebeneffekt davon ist, dass Sie dadurch gezwungen werden, sich auf das Wesentliche zu beschränken.

Auch für E-Mails wichtig: Zwischen die Absätze immer eine Leerzeile einfügen!

Muss ich immer meine Signatur einfügen?

Jede Ihrer E-Mails sollte eine Signatur enthalten. Es nervt, wenn man auf der Suche nach den Kontaktdaten die letzten 30 E-Mails danach durchsucht.

Die Signatur bietet den Lesern auf einen Blick Vor- und Nachnamen, Funktion, Firmenname, Firmenadresse, Durchwahl, Internet- und E-Mail-Adresse. Auf keinem geschäftlichen Briefbogen fehlen diese Angaben – auch bei einer geschäftlichen E-Mail sollte dies selbstverständlich sein. Die Signatur sollte nach den Richtlinien Ihres Unternehmens aufgebaut und gestaltet sein.

Worauf sollte ich bei der Historie achten?

Unter Historie versteht man den bisherigen E-Mail-Schriftwechsel, der unter der aktuellen eigenen Antwort steht. Sie ist aus den folgenden Gründen nützlich:

- Beide Seiten können die Entstehungsgeschichte der aktuellen Nachrichten jederzeit ohne Sichten früherer Mails nachvollziehen.
- Außenstehende können sich leicht ein Bild von dem Schriftwechsel machen und sich in den Fall einlesen – wichtig zum Beispiel bei der Teamarbeit, bei Krankheitsvertretungen oder bei der Einarbeitung.
- Eine vollständige Historie kann so auch als Beleg im Konfliktfall dienen.

Ich prüfe trotzdem bei jeder meiner Antworten, ob die Historie notwendig ist. Es geht darum, unnötigen Ballast und Datenmüll zu vermeiden sowie zu verhindern, dass mein Leser vertrauliche Äußerungen eines Dritten mitbekommt.

Wie kann ich entscheiden, welche Anhänge sinnvoll sind?

Es ist ein Klassiker: Ich bekomme eine E-Mail mit einer Vielzahl von angehängten Dateien. Nach dem Öffnen stelle ich nach und nach fest, dass ich die meisten nicht benötige. Möglicherweise fühle ich mich sogar zugemüllt. Bevor Sie Ihre E-Mail absenden, sollten Sie deshalb in Bezug auf das Thema *Anhänge* Folgendes prüfen:

- Habe ich alle Anhänge in meiner E-Mail angekündigt und damit gesichert, dass der Leser auf fehlende aufmerksam wird?
- Welche Anhänge sind aus meiner Sicht und aus Lesersicht sinnvoll?
- Welches Dateiformat kann mein Leser sicher öffnen?
- Wie verständlich ist der angehängte Text? Kann ich ihn kürzen, leserfreundlicher formulieren und gestalten?
- Was soll die Leserin, der Leser mit den Anhängen tun? Wie kann ich das im E-Mail-Text als Handlungsimpuls klar und freundlich formulieren?

Vermeiden Sie auch hier unnötige Text- und Datenmengen, welche die Leser überschwemmen und die Postfächer der Unternehmen überfluten.

4.4 Vor dem Senden – kleine Checkliste speziell für E-Mails

Noch schnell eine E-Mail geschrieben, auf Senden gedrückt, später noch einmal durchgelesen und erschrocken festgestellt: an die falsche Adresse geschickt, zu emotional reagiert, Fehler darin, der angekündigte Anhang fehlt ... Das ist zwar menschlich, aber schön ist es nicht! Nehmen Sie sich, bevor Sie Ihre E-Mail abschicken, ein paar Augenblicke Zeit für eine minimale Kontrolle:

Fragen	erledigt
Ist die Empfänger-Adresse o. k.?	☐
Bin ich keinem Missverständnis aufgesessen?	☐
Ist mein Stil, mein Tonfall angemessen?	☐
Habe ich die angekündigten Dateien angehängt?	☐
Stimmt der Betreff noch?	☐
Habe ich Korrektur gelesen?	☐

Checkliste: Kurze Kontrolle vor dem Senden von E-Mails

Überleitung zum nächsten Teil des Buches

Bisher haben wir uns mit den sprachlich-stilistischen, formalen, strukturellen und gestalterischen Aspekten von Korrespondenz befasst. Mit der Netiquette ging es auch schon um Regeln, die für eine wertschätzende Korrespondenz sinnvoll sind. Das alles ist grundlegend und wichtig.

Zu einer wirklich wertschätzenden Korrespondenz gehört meinem Verständnis nach jedoch noch viel mehr. Denn vielleicht kann man auf dieser bekannten Ebene so tun, als ob – indem man vorgefertigte, wertschätzend formulierte Textbausteine verwendet. Bei individueller Korrespondenz wird der Leser über kurz oder lang aber wahrscheinlich spüren, ob Sie authentisch sind.

Für alle, die auf Beschwerden antworten, für alle, die individuelle E-Mails und Briefe schreiben, gilt also: Es lohnt sich überaus, sich tiefer mit dem Thema Wertschätzung und Selbstwertschätzung zu beschäftigen! Denn nur so können Sie wirklich von innen heraus empathisch, respektvoll, wohlwollend und klar korrespondieren.

Die folgenden Kapitel bieten Ihnen dafür eine Fülle von Wissen, Übungen, Anregungen, Beispielen und Erfahrungen. Ich werde Ihnen einige hilfreiche Modelle vorstellen. Sie stammen aus der Psychologie und aus der angewandten Kommunikationswissenschaft.

Wenn ich mich mit ihnen beschäftige, kann ich besser ...

- verstehen, wie Menschen (unterschiedlich) ticken und was sie brauchen, um sich im Kontakt, in der Korrespondenz wohlzufühlen,
- einfühlsam, respektvoll, klar und positiv schreiben,
- begreifen, wie Kommunikation funktioniert und dies auf das Thema *Korrespondenz* übertragen,
- meine Art zu reagieren verstehen und steuern,
- verstehen, warum es zu Konflikten kommt und wie ich sie vermeiden oder auflösen kann und so
- das notwendige Wissen und Know-how gewinnen, um noch wertschätzender korrespondieren zu können.

Eine Auswahl von Modellen und Methoden ist immer subjektiv. Ich habe meine Auswahl auf der Grundlage meiner Erfahrung als Schreibcoach, Schreibtrainerin, Korrespondenzberaterin und Autorin getroffen.

Ideen, wie Sie die Kapitel 5 bis 9 nutzen können

Sie können den folgenden Teil auf verschiedene Art und Weise nutzen. Zum Beispiel:

- ▶ Sie lesen sie von A bis Z durch, machen alle Übungen, notieren sich für Sie Wichtiges.
- ▶ Sie blättern durch, lesen quer und vertiefen dort, wo Ihre Aufmerksamkeit hängen bleibt.
- ▶ Sie orientieren sich über Inhaltsverzeichnis und Stichwortverzeichnis und wählen gezielt aus, was Sie lesen möchten.
- ▶ Sie arbeiten diesen Teil des Buches gemeinsam mit einem Lernpartner durch, tauschen sich aus, unterstützen sich, motivieren sich.
- ▶ Sie beschaffen sich zu den Modellen, die Sie am meisten angesprochen haben, zusätzliche Literatur.

Vielleicht ist ja eine dieser Möglichkeiten für Sie inspirierend – oder Sie finden Ihren ganz eigenen Weg, mit den Kapiteln zu arbeiten.

5 Die Balance zwischen Selbstverständnis und Einfühlung – das Vier-Farb-Modell

Wie kann ich E-Mails und Briefe so schreiben, dass sich mein Leser wohlfühlt? Wie erreiche ich ihn und fördere eine gute Beziehung? Wie fühlt er sich in seiner individuellen Art wertgeschätzt?

Es gibt unterschiedliche Persönlichkeits- und damit auch Schreibertypen. Zum Beispiel ist Menschen, die faktenorientiert denken, emotional Formuliertes häufig unangenehm. Gefühlsorientierte Menschen beachten dagegen technische Darstellungen und Zahlen kaum und können sich durch eine nüchterne Ausdrucksweise abgewiesen fühlen.

Damit Sie die unterschiedlichen Denk-, Fühl- und Ausdrucksweisen kennen und nutzen lernen, stelle ich Ihnen das Vier-Farb-Modell von Hans-Peter Förster vor. Jede der vier Farben entspricht einem Typus.

Das Modell kann Sie dabei unterstützen,

- Ihre Korrespondenzpartner besser zu verstehen,
- ihnen passend zu schreiben, so dass sie positiv reagieren,
- sich selbst zu reflektieren und zu verstehen sowie
- die Identität Ihres Unternehmens sprachlich zu transportieren.

Das Vier-Farb-Modell hilft dabei, wertschätzend zu korrespondieren, weil Sie Ihren Korrespondenzpartner sprachlich abholen, die Ziele Ihres Unternehmens achten und gleichzeitig auch Ihre eigene Art respektieren.

Zunächst ein Überblick über die vier verschiedenen Farbtypen:

▶ Der blaue (rationale) Typ liebt Daten, Zahlen, Fakten, ist sachlich und informiert sich über den Nutzen einer Sache.
▶ Der grüne (traditionelle) Typ ist heimatverbunden und konservativ, fühlt sich in vertrauter Umgebung am wohlsten, schätzt Qualität, Handwerk und Tradition. Er mag es eher verbindlich und seriös.
▶ Der gelbe (impulsive) Typ ist jemand, der sich schnell für Dinge begeistern kann, intuitiv veranlagt ist. Bei ihm steht das Erlebnis im Mittelpunkt.
▶ Der rote (emotionale) Typ zeigt Gefühle, ist harmonieliebend und warmherzig. Ihm sind menschliche Nähe und moralisches Handeln wichtig.

Die Rationalen
- sprechen und schreiben sachlich
- verwenden gern Zahlen, Daten, Fakten
- orientieren sich an Logik und Nutzen
- denken und handeln vernünftig

Die Traditionellen
- mögen das Gewohnte, Rituale, Traditionen
- lieben Ordnung und Struktur
- brauchen und geben Sicherheit
- legen Wert auf hohe Qualität und Seriosität

Die Impulsiven
- denken und handeln unkonventionell
- sind impulsiv und spontan
- sind offen für Neues, für Abenteuer
- drücken sich witzig bis provokant aus

Die Emotionalen
- brauchen viel Kontakt, Nähe und Wärme
- drücken Gefühle aus
- suchen nach Harmonie, Schönheit, dem Guten
- denken und handeln moralisch und fürsorglich

Grafik: Die vier Farbtypen nach Hans-Peter Förster

Wichtig dabei:

Das Modell soll natürlich nicht dazu führen, das Gegenüber in eine Schublade zu stecken. Kaum jemand ist nur *blau* oder *grün* oder *gelb* oder *rot*! Und keiner der vier Farbtypen ist besser oder schlechter als die anderen.

Folgende Schritte erwarten Sie, damit Sie mit dem Vier-Farb-Modell vertraut werden und es für Ihre Korrespondenz nutzen können:

1. Test und Reflexion *So schätze ich mich selber ein*
2. Test und Reflexion *So schätze ich mein Unternehmen ein*
3. Test und Reflexion *So schätze ich meinen Korrespondenzpartner ein*

5.1 Mich selbst einschätzen

Vielleicht sind Sie neugierig, welcher der vier Farbtypen Ihnen am ehesten entspricht? Wenn Sie über die folgenden Aussagen nachdenken, können Sie es erfahren.

So funktioniert es:

Schritt 1: Schreiben oder malen Sie für jede Aussage in die Spalte *Farbe* die passende Farbe (Blau, Rot, Grün oder Gelb). Damit üben Sie, Farben und Typen miteinander zu verbinden und so das Modell zu verstehen.

Schritt 2: Dann kreuzen Sie in der Spalte *trifft zu* die Aussagen an, die auf Sie zutreffen.

Schritt 3: Dort, wo Sie *trifft zu* angekreuzt haben, setzen Sie als Nächstes zusätzlich auch ein Häkchen in die eingetragene Farbe.

Schritt 4: Jetzt zählen Sie für jede der vier Farben die Häkchen und sehen so, welche Farbe Ihnen am meisten entspricht.

Test *So schätze ich mich selber ein*

Aussage	trifft zu	Farbe
Ich schreibe, wie ich bin – locker, kreativ und witzig.		
Am wohlsten fühle ich mich, wenn es in der Korrespondenz herzlich und harmonisch zugeht.		
Ich mag es knapp und sachlich.		
Der alte Schreibstil entspricht mir mehr.		
Ich will abgesichert sein.		
Ich halte mich an die Fakten.		
Mir ist Freundlichkeit sehr wichtig.		
Ich bin ein spontaner und impulsiver Mensch.		
Kontakte zu pflegen bedeutet mir viel.		
Ich erwarte vernünftige Argumente und stichhaltige Zahlen.		
Ich liebe Humor, Ironie, Satire.		
Peppig, frisch, spritzig sollte es schon formuliert sein.		
Ich bin recht heimatverbunden und traditionsbewusst.		
Menschliche Wärme lässt mich aufblühen.		
Eine gewisse Distanz ist schon sinnvoll.		
Die alten Umgangsformen waren viel höflicher.		

Test: So schätze ich mich selber ein

Im Anhang auf den Seiten 201 bis 203 finden Sie eine Lösung von Schritt 1 und ein Beispiel, das Ihnen die Schritte 2 bis 4 veranschaulicht.

Wenn Sie sich anhand dieses kleinen Selbsttests eingeschätzt haben, können Sie über die folgenden Fragen nachdenken:

Reflexion *Selbsttest*

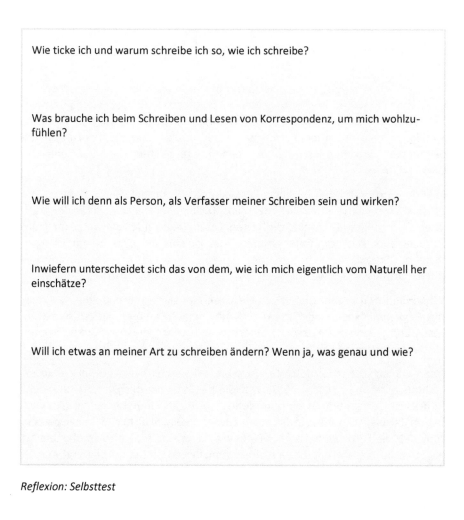

Wie ticke ich und warum schreibe ich so, wie ich schreibe?

Was brauche ich beim Schreiben und Lesen von Korrespondenz, um mich wohlzufühlen?

Wie will ich denn als Person, als Verfasser meiner Schreiben sein und wirken?

Inwiefern unterscheidet sich das von dem, wie ich mich eigentlich vom Naturell her einschätze?

Will ich etwas an meiner Art zu schreiben ändern? Wenn ja, was genau und wie?

Reflexion: Selbsttest

Mit Hilfe des Vier-Farb-Modells kann ich also erkennen, wie ich ticke, wie ich deshalb schreibe und durch welche Ausdrucksweise meiner Korrespondenzpartner ich mich von diesen wertgeschätzt fühle.

Nach dieser Selbstreflexion geht es als Nächstes darum, anhand des Modells das eigene Unternehmen einzuschätzen.

5.2 Mein Unternehmen einschätzen

Fast jedes Unternehmen hat eine Corporate Identity und/oder ein Unternehmensleitbild definiert. Die Leitfrage dabei ist meistens: Wie wollen wir als Unternehmen sein und auftreten? Diese Unternehmensidentität hat viele Faktoren zur Grundlage: die Gründerpersönlichkeiten, die Produkte oder Dienstleistungen, die Zielgruppen, den Standort, die Unternehmensgeschichte, die Unternehmensform, das Image ...

Teile der Corporate Identity sind zum einen das Corporate Design – das ist die optische Visitenkarte eines Unternehmens. Dazu gehören alle Aspekte der grafischen Gestaltung wie Farben, Schriftarten, Fotos, Text- und Bildlayout. Zum anderen aber auch das Corporate Writing – das ist ein zum Unternehmensleitbild passender Sprachstil. Die interne und die Korrespondenz mit Kunden und Geschäftspartnern ist ein wichtiger Bestandteil des Corporate Writings.

Auf den meisten Internetseiten von Firmen findet sich ein Menüpunkt wie *Über uns*, *Firmenphilosophie* oder *Unser Unternehmen*. Zusammen mit der optischen Gestaltung gewinnen die Besucherinnen und Besucher hier einen Eindruck davon, wie das Unternehmen tickt.

Wenn Sie sich jetzt mit dem Vier-Farb-Modell beschäftigen, gewinnen Sie Erkenntnisse darüber, welchen Sprachstil Sie bei Ihrer beruflichen Korrespondenz berücksichtigen sollten. Ist Ihr Unternehmen *gelb*, also impulsiv aufgestellt, würde zum Beispiel ein *grüner*, also konservativer Schreibstil nicht zum Image passen. Dominiert die Farbe *Blau*, also das Rationale, kann eine *rote*, also emotionale Art des Schreibens irritieren, da sie nicht zum nüchtern-kühlen Leitbild und Auftritt passt.

Lesen Sie die folgenden Aussagen und entscheiden Sie, ob sie auf Ihr Unternehmen zutreffen. Die Arbeitsschritte sind die gleichen vier wie in der vorigen Reflexion *So schätze ich mich selber ein*:

Schritt 1: Schreiben oder malen Sie für jede Aussage in die Spalte *Farbe* die passende Farbe (Blau, Rot, Grün oder Gelb). Damit üben Sie, Farben und Typen miteinander zu verbinden und so das Modell zu verstehen.

Schritt 2: Dann kreuzen Sie in der Spalte *trifft zu* die Aussagen an, die auf Sie zutreffen.

Schritt 3: Dort, wo Sie *trifft zu* angekreuzt haben, setzen Sie als Nächstes zusätzlich auch ein Häkchen in die eingetragene Farbe.

Schritt 4: Jetzt zählen Sie für jede der vier Farben die Häkchen und sehen so, welche Farbe Ihnen am meisten entspricht.

Eine Lösung für den ersten Schritt finden Sie im Anhang auf Seite 204.

Test *So schätze ich mein Unternehmen ein*

Aussage	trifft zu	Farbe
Wir wollen spontane und impulsive Menschen ansprechen.		
Bei uns geht es um die Fakten.		
Menschliche Wärme steht bei uns im Mittelpunkt.		
Wir bieten alles, damit unsere Kunden sich sicher und geschützt fühlen.		
Wir stehen für Abenteuerlust und Risikofreude.		
Perfektion ist unsere Maxime.		
Unser Tonfall ist herzlich.		
Unsere Zielgruppe ist eher konservativ und heimatverbunden.		
Unsere Kunden wollen eine gewisse Distanz.		
Wir erreichen unsere Kunden mit Witz.		
Wir legen viel Wert auf gute Umgangsformen.		
Wir liefern vernünftige Argumente und stichhaltige Zahlen.		
Wir pflegen einen sehr persönlichen Kontakt zu unseren Kunden und Geschäftspartnern.		
Wir sind ein traditionsbewusstes Unternehmen.		
Wir sind unkonventionell und provozieren auch manchmal ein bisschen.		
Wir wollen unseren Kunden sehr freundlich begegnen.		

Test: So schätze ich mein Unternehmen ein

Nachdem Sie dir vier Arbeitsschritte gegangen sind, können Sie mit Hilfe der folgenden Reflexion über die Ergebnisse nachdenken:

Reflexion *Mein Unternehmen einschätzen*

Welche Farbe überwiegt? Überrascht mich das Ergebnis?

Wie wollen wir auftreten, wirken? Passt unser/mein Sprachstil zu diesem Farbtyp? Inwiefern?

Sollten wir, sollte ich in der Korrespondenz etwas ändern, um unser Leitbild, unseren Farbtyp noch besser zu berücksichtigen? Sachlicher oder konservativer oder herzlicher oder unkonventioneller schreiben?

Wenn ja: Wie können wir das umsetzen? Wer ist verantwortlich, wer ist dafür qualifiziert und geeignet?

Reflexion: Mein Unternehmen einschätzen

Wenn in Ihrem Leitbild verankert ist, die Kunden herzlich anzusprechen und anzuschreiben: Gelingt es Ihnen, auch wenn Sie selber vielleicht kein *roter*, also emotionaler Typ sind, Ihre E-Mails etwas herzlicher zu formulieren? Trennen Sie sich als *grüner*, also traditioneller Typ von Ihrer vielleicht doch etwas altmodischen Art des Schreibens, da Ihr Unternehmen *gelb*, also impulsiv tickt?

Wenn Sie zu solchen Veränderungen bereit sind, identifizieren Sie sich ein Stück weit mehr mit Ihrem Unternehmen und respektieren dessen Corporate Identity. Das fördert eine vertrauensvolle interne Zusammenarbeit und eine erfolgreiche Kommunikation.

Die entscheidende Frage ist jetzt jedoch: Passt Ihre Art des Schreibens zu Ihren Kunden, zu Ihrem jeweiligen Korrespondenzpartner? Im folgenden Test geht es darum, dies herauszufinden.

5.3 Meinen Korrespondenzpartner einschätzen

Vielleicht haben Sie schon häufiger gemerkt, dass es Ihnen mit verschiedenen Korrespondenzpartnern sehr unterschiedlich geht. Zum Veranschaulichen zwei Beispiele: Als *gelber*, also impulsiver Farbtyp schreiben Sie frei von der Leber weg und haben schon gehört, dass das nicht bei allen gut ankommt. Das könnte also daran liegen, dass diese Korrespondenzpartner *grün*, also traditionell ticken und es eher konservativ mögen. Oder: Als *roter*, also emotionaler Farbtyp erkennen Sie jetzt, dass Ihr Kollege Sie vermutlich nicht ablehnt, sondern als *blauer* Farbtyp einfach sehr sachlich und knapp schreibt.

Wie tickt also der Mensch, dem Sie schreiben wollen? Es gibt ein paar Indizien, die auf jeweils einen der vier Farbtypen schließen lassen. Denken Sie zunächst darüber nach, wie Ihr Korrespondenzpartner bisher mit Ihnen kommuniziert hat. Die Beispiele lassen sich den Farbtypen zuordnen – ein Vorschlag steht jeweils dahinter.

- ▶ Benutzt er Wörter wie *liebe, herzlich, sehr gern, gemeinsam, wunderbar*?
  → *rot*
- ▶ Wirkt er sehr freundlich und warmherzig? → *rot*
- ▶ Verwendet er Emoticons? → *rot*
- ▶ Schreibt er etwas altmodisch, verschnörkelt, konservativ? → *grün*

- Formuliert er sehr lebendig, witzig, frisch, kreativ? → *gelb*
- Ist sein Text kurz, sachlich, nüchtern? → *blau*
- Wirkt er förmlich und distanziert? → *blau, grün*
- Schreibt er *Mit freundlichen Grüßen* oder *Beste Grüße*? → *grün*
- Schreibt er *Liebe Frau ...*, *Herzliche Grüße*, *Freundliche Grüße und ein schönes Wochenende*? → *rot*
- Schreibt er *Hallo Herr ...*, *Viele Grüße*, *Gruß*? → *blau*
- Schreibt er *Moin Frau ...*, *Hi Martin*, *Bis demnächst*? → *gelb*

Jetzt ist ein erstes Einschätzen möglich: Mein Korrespondenzpartner, meine Korrespondenzpartnerin kommuniziert offenbar eher *blau/rot/grün/gelb*. Das kann für einen ersten Eindruck reichen, der Ihnen vielleicht schon dabei hilft, sich auf Ihren Korrespondenzpartner einzustimmen.

Ein genaueres und aussagekräftigeres Farbergebnis ermöglicht Ihnen der folgende Test. Auch er funktioniert wieder in den vier Arbeitsschritten der beiden vorangegangenen Tests:

Schritt 1: Schreiben oder malen Sie für jede Aussage in die Spalte *Farbe* die passende Farbe (Blau, Rot, Grün oder Gelb). Damit üben Sie, Farben und Typen miteinander zu verbinden und so das Modell zu verstehen.

Schritt 2: Dann kreuzen Sie in der Spalte *trifft zu* die Aussagen an, die auf Sie zutreffen.

Schritt 3: Dort, wo Sie *trifft zu* angekreuzt haben, setzen Sie als Nächstes zusätzlich auch ein Häkchen in die eingetragene Farbe.

Schritt 4: Jetzt zählen Sie für jede der vier Farben die Häkchen und sehen so, welche Farbe Ihnen am meisten entspricht.

Besonders gut beurteilen können Sie die Aussagen, wenn Sie schon mit Ihrem Korrespondenzpartner telefoniert haben oder ihn persönlich kennen. Aber auch seine Art zu schreiben kann Ihnen gute Hinweise geben, um den Farbtyp noch genauer zu bestimmen. Einen Lösungsvorschlag finden Sie im Anhang auf Seite 205.

Test *So schätze ich meinen Korrespondenzpartner ein*

Der Kunde, an den ich schreiben will, …	trifft zu	Farbe
… ist ein bisschen ängstlich und fragt nach Sicherheiten und Garantien.		
… ist ein herzlicher Typ.		
… wirkt eher distanziert und förmlich.		
… ist ein spontaner, impulsiver Mensch.		
… redet/schreibt ein bisschen altmodisch.		
… ist harmoniebedürftig und pflegt den persönlichen Kontakt.		
… ist unkonventionell und provoziert auch manchmal ein bisschen.		
… ist witzig und hat einen lockeren Schreibstil.		
… ist ziemlich emotional.		
… legt Wert auf gute Umgangsformen.		
… liebt Zahlen, Daten, Fakten.		
… liefert gute Argumente, wirkt sehr vernünftig.		
… scheint eher konservativ und traditionsbewusst zu sein.		
… verwendet gern Emoticons.		
… wirkt abenteuerlustig und ist risikobereit.		
… wirkt ein bisschen perfektionistisch.		

Test: So schätze ich meinen Korrespondenzpartner ein

Und auch hier lohnt es sich, über die Ergebnisse in Form der folgenden kleinen Reflexion nachzudenken:

Reflexion *Meinen Korrespondenzpartner einschätzen*

Was haben Sie über Ihren Korrespondenzpartner herausgefunden? Was scheint er oder sie für ein Typ zu sein?

Deckt sich dies mit Ihrem ersten Eindruck, den Sie von dieser Person hatten? Wenn nicht: Was ist anders?

Passt unser/mein Sprachstil zu diesem Farbtyp? Inwiefern?

Sollten wir, sollte ich in der Korrespondenz etwas beherzigen, um diesen Menschen besser zu erreichen? Sachlicher oder konservativer oder herzlicher oder unkonventioneller schreiben?

Wenn ja: Wie können wir das umsetzen? Wer ist verantwortlich, wer ist dafür qualifiziert und geeignet?

Reflexion: Meinen Korrespondenzpartner einschätzen

Je nachdem, welche Farbe überwiegt, können Sie jetzt Ihre E-Mail oder Ihren Brief an diese Person passend formulieren. Um Ihnen dabei zu helfen, habe ich in der folgenden Tabelle Stiltipps und Beispiele für jeder der vier Farben zusammengestellt. Hier finden Sie Antworten und Inspiration auf die Frage: Wie setze ich denn nun meine Erkenntnisse um, wie formuliere ich denn passend zum Farbtyp?

Farbe	Tipps	Beispiele
blau	▸ Formulieren Sie kurz und präzise. ▸ Achten Sie darauf, keine Füllwörter oder Doppelmoppel zu verwenden. ▸ Schreiben Sie klar und logisch nachvollziehbar. ▸ Vermeiden Sie emotionale Ausdrücke und Emoticons. ▸ Bleiben Sie eher sachlich und nüchtern. Wahren Sie die Distanz. ▸ Nutzen Sie Daten, Fakten, Argumente.	*Hallo Herr …, Freundliche Grüße* *R̶ü̶c̶k̶Antwort, f̶u̶n̶d̶i̶e̶r̶t̶e̶ Grundlagen, z̶u̶r̶ü̶c̶k̶erstatten* *Erstens …, zweitens …, drittens …* *h̶e̶r̶z̶l̶i̶c̶h̶, s̶e̶h̶r̶, ä̶u̶ß̶e̶r̶s̶t̶, t̶o̶l̶l̶, w̶u̶n̶d̶e̶r̶b̶a̶r̶* *Zum Thema X: …, Die Argumente: 1. …, 2. …, 3. …* *Zahlen, Tabellen, Grafiken (alles kurz und übersichtlich)*
grün	▸ Drücken Sie sich gewählt und seriös aus. ▸ Liefern Sie Belege, Sicherheiten, Garantien. ▸ Formulieren Sie eher konservativ. ▸ Weisen Sie auf die Geschichte, die Tradition, die Heimat hin. ▸ Kommen Sie dem Bedürfnis nach Ordnung und Regeln nach. ▸ Schreiben Sie bewusst höflich.	*Worte wie „Qualität", „Tradition", „Geschichte", „Erfahrung", „Heimat", „bewährt", „Schutz" …* *Sehr geehrter Herr Dr. …, Mit freundlichen Grüßen* *Wir danken Ihnen sehr für …* *Um … ordentlich zu regeln, bieten wir Ihnen … an.* *Es ist uns eine Ehre, Sie …*
rot	▸ Formulieren Sie besonders freundlich oder wenn passend herzlich. ▸ Schreiben Sie persönlich. ▸ Lassen Sie Wärme und Nähe entstehen, soweit es der professionelle Rahmen erlaubt. ▸ Benennen Sie Gefühle, wenn es der Sache dient. ▸ Beantworten Sie Emoticons, wenn es passt und Ihr Unternehmen es gestattet. ▸ Sprechen Sie wo möglich das Bedürfnis nach Harmonie und Schönheit an.	*Liebe Frau …, Herzliche Grüße nach …* *danke schön, dass Sie sich Zeit für … genommen haben.* *Wir freuen uns sehr, dass Sie unser Team bereichern.* *Dass Sie sich ärgern, verstehe ich sehr gut.* 🙂 *Wir wollen Gutes tun. Deshalb …*
gelb	▸ Schreiben Sie frisch und lebendig. ▸ Vermeiden Sie Floskeln und Behördendeutsch. ▸ Sprechen Sie das Bedürfnis nach Abenteuer, Risiko und Spontanität an. ▸ Bauen Sie Ihre Sätze abwechslungsreich und nutzen Sie die ganze Palette der Satzzeichen. ▸ Überraschen Sie positiv mit sprachlicher Kreativität. ▸ Schreiben Sie humorvoll – im Rahmen des Professionellen!	*Moin Herr …, Viele Grüße von der Waterkant* *Ü̶b̶e̶r̶p̶r̶ü̶f̶u̶n̶g̶, D̶e̶s̶w̶e̶i̶t̶e̶r̶e̶n̶, g̶e̶m̶ä̶ß̶, a̶n̶b̶e̶i̶, S̶a̶c̶h̶v̶e̶r̶h̶a̶l̶t̶ …* *brandneu, überraschend, wagen, erforschen* *Wir sind begeistert – das war ein voller Erfolg!* *Über … sollten wir mutig reden. Wagen Sie mit?*

Tabelle: Tipps und Beispiele für farbtyporientierte Korrespondenz

Als kleine Übung zu dieser Tabelle können Sie jetzt noch vier unterschiedliche E-Mails den vier Farbtypen zuordnen. Dies hilft Ihnen dabei, ein noch besseres Gefühl dafür bekommen, wie sich die verschiedenen Farbstile erkennen und bewusst selber nutzen lassen.

Bitte lesen Sie die folgenden E-Mails und ordnen Sie sie den vier Farben zu. Welche E-Mail hat wohl welcher Farbtyp formuliert? Die Auflösung finden Sie im Anhang auf Seite 206.

Übung *E-Mails einschätzen*

✉ E-Mail A

Liebe Frau Schneider,

danke schön für Ihre nette Antwort. Ich freue mich, dass Ihnen unser Vorschlag gefällt. Sie bekommen wie versprochen den ersten Entwurf. Damit Sie das Layout auch so sehen, wie wir es für Sie gedacht haben, schicke ich Ihnen sowohl die Worddatei als auch ein PDF.

Wenn Sie dazu Fragen haben, können Sie sich gern bei mir melden.

Herzliche Grüße

✉ E-Mail B

Guten Tag Frau Schneider,

danke für die Antwort. Der erste Entwurf hängt an – sowohl als Worddatei als auch als PDF.

Bei Fragen dazu bitte einfach melden.

Viele Grüße

✉ **E-Mail C**

Sehr geehrte Frau Schneider,

besten Dank für Ihre Rückmeldung zu unserem Vorschlag. Im Anhang finden Sie unseren ersten Entwurf. Wir bitten Sie darum, diesen genau zu prüfen und uns Ihre Änderungsvorschläge mitzuteilen. Uns ist es sehr wichtig, dass alles stimmt und von hoher Qualität ist.

Sollten Sie Fragen dazu haben, können Sie sich selbstverständlich bei uns melden.

Mit freundlichen Grüßen

✉ **E-Mail D**

Hallo Frau Schneider,

Ihr Feedback auf unseren Vorschlag ist inspirierend – vielen Dank dafür. Hier kommt der erste Entwurf. Sind wir damit auf dem richtigen Dampfer?

Wenn Sie uns direkt Feedback geben möchten oder etwas unklar ist: Wir freuen uns über Ihren Anruf!

Grüße von Homeoffice zu Homeoffice

Reflexion *Vier-Farb-Modell*

Sie haben zum Vier-Farb-Modell

1. sich selbst eingeschätzt,
2. Ihr Unternehmen eingeschätzt und
3. Ihren Korrespondenzpartner eingeschätzt.

Nehmen Sie sich doch zum Abschluss dieses Kapitels noch ein paar Minuten Zeit und machen sich Notizen zu den folgenden Fragen. Diese Reflexion kann das Thema abrunden und Ihnen dabei helfen, das Gelesene und Gelernte auszuwerten und anzuwenden.

Wie kann ich die Ergebnisse aus den Einschätzungen umsetzen, um noch wertschätzender zu schreiben?

Überlegen Sie sich, mit welchem der vier Sprachstile Sie sich selbst grundsätzlich wohlfühlen. Wo sind Sie noch authentisch? In welchen Farbbereichen widerstrebt Ihnen der Sprachstil?

Und wie ist es mit Ihrem Unternehmen? Welchen Sprachstil pflegt es und welchen erwartet es von Ihnen? Wie geht es Ihnen damit? Wie weit dürfen Sie davon abweichen?

Und schließlich zu Ihrem (aktuellen) Korrespondenzpartner: Welchen Sprachstil braucht er, um sich wohlzufühlen? Mit welchem würden Sie ihn irritieren oder gar verärgern?

Reflexion: Vier-Farb-Modell

6 Sich miteinander wohlfühlen – das Riemann-Thomann-Modell

Das Vier-Farb-Modell hat gezeigt: Menschen sind verschieden. Einerseits aktiv in der Art, wie sie sich geben und den Kontakt zu ihren Mitmenschen gestalten. Und andererseits passiv durch das, was sie empfinden und brauchen, um sich in der Kommunikation wohlzufühlen.

Auch das Riemann-Thomann-Modell hilft dabei, diese Unterschiede und ihre Auswirkungen auf Kommunikation und Beziehungen zu verstehen und zu verbessern. Es kann Ihre Menschenkenntnis vertiefen und Ihnen dabei helfen, wertschätzend zu korrespondieren.

Ähnlich wie beim Vier-Farb-Modell gibt es auch beim Riemann-Thomann-Modell vier Ausrichtungen – diese unterscheiden sich jedoch von den Farbtypen und bringen neue, spannende Aspekte mit hinein. Einiges werden Sie auch wiedererkennen und neu einordnen, wenn Sie sich genauer damit beschäftigen. Letztlich ergänzen sich die Modelle gut.

Was ist der Nutzen des Riemann-Thomann-Modells für die Korrespondenz? Es trägt dazu bei,

▶ in die Perspektive des Korrespondenzpartners zu wechseln,
▶ Unterschiedlichkeiten wertzuschätzen,
▶ zu klären, was das Gegenüber braucht,
▶ eine Kritik oder Beschwerde nicht persönlich zu nehmen und sich nicht darüber zu ärgern,
▶ Fettnäpfchen und grobe Fehler zu vermeiden,
▶ zu klären, wer welche Stärken hat, um diese nutzen zu können und
▶ positive Antworten zu bekommen.

Damit ist es für das Thema *wertschätzend korrespondieren* ein bereicherndes Modell. Sie werden sehen, wie es sich zum einen dafür eignet, sich selber besser zu verstehen: Sie können dadurch eigene Gefühle und Gedanken besser einordnen und akzeptieren, die durch E-Mails, Briefe oder Anrufe Ihres Korrespondenzpartners ausgelöst werden. Zum anderen können Sie auch die Reaktion und Schreibweise Ihres Korrespondenzpartners besser verstehen und günstig darauf reagieren.

6.1 Hintergrund des Konzepts

Kurz zum Hintergrund des Konzepts: Die vier Pole einer Persönlichkeit hat der deutsche Psychoanalytiker Fritz Riemann in seinem 1961 erschienenen Werk *Grundformen der Angst* vorgestellt.

Der Schweizer Psychologe Christoph Thomann hat diese Persönlichkeitstypisierung in seiner Arbeit als Paartherapeut aufgegriffen, weiterentwickelt und 1988 gemeinsam mit Friedemann Schulz von Thun im *Klärungshandbuch 1* (9. Auflage 2019) veröffentlicht. Und zwar in einer Form, die nicht eine krankhafte Ausrichtung in den Mittelpunkt stellt, sondern die Bandbreite gesunder Persönlichkeiten. Dieses Modell ist heute sehr verbreitet in den Bereichen Teamentwicklung, Konfliktlösung und Coaching.

6.2 Die vier Grundtendenzen

Machen Sie sich jetzt vertraut mit den vier Grundtendenzen des Riemann-Thomann-Modells – zunächst ein Überblick:

- Nähe (z. B. zwischenmenschlicher Kontakt, Harmonie, Geborgenheit),
- Distanz (z. B. Unabhängigkeit, Ruhe, Individualität),
- Dauer (z. B. Ordnung, Regelmäßigkeiten, Kontrolle) und
- Wechsel (z. B. Abwechslung, Spontanität, Kreativität).

Im folgenden Abschnitt lernen Sie diese vier Grundtendenzen genauer kennen:

Nähe

Menschen mit einer starken Nähe-Tendenz wollen und brauchen: Nähe zu anderen Menschen, Bindung, Zuneigung, Vertrauen, Sympathie, Mitmenschlichkeit, Geborgenheit, Zärtlichkeit und Harmonie.

Sie brauchen Wärme, Bestätigung, sind selbstlos bis zur Selbstaufgabe, haben soziale Interessen, können sich leicht mit anderen identifizieren und sich selbst vergessen.

Sie sind kontaktfähig, teambereit, ausgleichend, akzeptierend und verständnisvoll.

Sie neigen aber auch zu Abhängigkeit, da sie ungern alleine sind. Sie unterdrücken zuweilen ihre Aggressionen und geraten leicht in eine Opferrolle.

Distanz

Für Menschen mit einer ausgeprägten Distanzausrichtung sind folgende Aspekte wichtig: Abgrenzung, Unverwechselbarkeit, Freiheit, Individualität, Eigenständigkeit, rationales Denken und Handeln („bloß kein Gefühl").

Sie wollen nicht beeinflusst werden. Sie suchen den Abstand und scheinen erst einmal niemanden zu brauchen. Sie scheinen kühl und unnahbar zu sein. Die Vernunft ist ihnen sehr wichtig.

Sie wollen nicht auf fremde Hilfe angewiesen sein und wirken oft bindungsängstlich und/oder unbeholfen im emotionalen Bereich.

Erst wenn sie in einem Kontakt auf ein hohes Maß an Freiheit und Rückzugsmöglichkeiten vertrauen können, lassen sie sich auf Gefühle und Nähe ein.

Dauer

Für Menschen mit einer größeren Dauerausrichtung sind folgende Werte sehr wichtig:

Zuverlässigkeit, Pünktlichkeit, Sparsamkeit, Wille, Verantwortung, Planung, Vorsicht, Kontrolle, Ziele, Kontinuität, Notwendigkeit, Verbindlichkeit, Grundsätze,

Gesetze, Regeln, Analysieren, Treue, Stabilität, Pflicht, Dauerhaftigkeit, Konsequenzen.

Sie sind sehr verlässlich, systematisch, gründlich, ordentlich, sie haben Organisationstalent und sind prinzipientreu.

Sie erscheinen manchmal aber auch langweilig, unflexibel, pedantisch oder stur.

Wechsel

Menschen mit einer starken Wechselausrichtung sind begeisterungsfähig für alles Neue. Sie besitzen oft viel Fantasie und sind häufig auch sehr neugierig. Sie lieben Abwechslung und Spontanität.

Alles, was mit Leidenschaften, Reizen, Rausch und Fantasie zu tun hat, ist für sie sehr wichtig. Sie suchen den Genuss, Charme, Kreativität, Temperament, Suggestion, Risiko, Ideenreichtum, Dramatik und Begehren.

Diese Menschen sind neugierig, wünschen, suchen, lernen und leben gern. Sie sind kreativ, einfallsreich, spontan und unterhaltsam.

Sie können aber auch unzuverlässig, chaotisch, theatralisch, egozentrisch, geschwätzig und unsystematisch sein.

6.3 Wichtig für das Verständnis des Modells

Folgende Punkte sind noch wichtig, um das Modell richtig zu verstehen und anzuwenden:

- ▶ Jede Grundrichtung wird durch die jeweilige Situation und durch das Verhalten von anderen Menschen beeinflusst.
- ▶ Alle Grundrichtungen sind gleichwertig. Es gibt in diesem Modell kein Gut oder Schlecht.
- ▶ Jeder Mensch kann jede der vier Möglichkeiten erleben und leben, falls diese Art zu reagieren in einer bestimmten Situation und Konstellation nützlich oder erforderlich ist.

- Das Riemann-Thomann-Modell ist keine Typologie von Menschencharakteren, sondern eine Einschätzung von typischen Reaktionsweisen im Konflikt.
- Das Modell will nicht in erster Linie einzelne Menschen diagnostizieren. Es will zwischenmenschliche Polarisierungen und Eskalationen verstehbar machen und damit Konflikte lösen helfen.

Damit Sie das Modell verstehen und es erfolgreich auch für Ihre Korrespondenz anwenden können, werde ich es Ihnen schrittweise erklären, Sie zur Umsetzung anleiten und es Ihnen anhand von drei Fallbeispielen veranschaulichen.

Sie werden diese Schritte zunächst für sich selbst gehen und damit herausfinden, wie stark Ihr eigenes Bedürfnis nach *Distanz*, *Nähe*, *Dauer* und *Wechsel* ist.

Danach wird es darum gehen, das Modell auf Ihren Korrespondenzpartner anzuwenden und zu erfahren, welchen Nutzen es für alle Beteiligten haben kann.

6.4 Arbeitsschritte

Die vier Grundtendenzen *Nähe*, *Distanz*, *Dauer* und *Wechsel* können über einen speziellen Test ermittelt und mit Hilfe eines Koordinatensystems veranschaulicht werden.

Schritt 1: Über einen *Test* ermitteln Sie für jede Grundtendenz, inwieweit sie zutrifft. Für jede Antwort gibt es eine bestimmte Punktzahl. Für jede der vier Grundtendenzen können Sie als Nächstes eine Summe ausrechnen.

Schritt 2: Diese Summe ist dann der jeweilige Wert, der auf der dazugehörigen Achse im *Koordinatensystem* eingetragen wird.

Schritt 3: Diese vier Werte verbinden Sie schließlich so miteinander, dass sich ein Viereck ergibt – das sogenannte *Heimatgebiet*.

Beginnen wir mit Schritt 1, dem Test. Dieser hilft Ihnen dabei zu erkennen, welche Grundtendenz wie stark auf Sie selber beziehungsweise Ihren Korrespondenzpartner zutrifft.

Schritt 1: Test

Bewerten Sie bei jeder der folgenden Aussagen so spontan und ehrlich wie möglich, in welchem Maß diese auf Sie zutrifft. Benutzen Sie dabei folgenden Bewertungsschlüssel:

Stimmt nicht = 0 Punkte
Stimmt teilweise = 1 Punkt
Stimmt = 2 Punkte

Nr.	Aussage	Punkte
1	Ich lasse mich ungern auf Situationen ein, deren Ausgang völlig unvorhersehbar ist.	
2	Es fällt mir leicht, aus mir herauszugehen und Gefühle zu zeigen.	
3	Ich brauche Abwechslung, sonst empfände ich mein Leben als grau und eintönig.	
4	Möglichst objektiv zu sein halte ich für sehr wichtig.	
5	Mir ist es wichtig, dass beide Seiten pünktlich und verlässlich sind und sich an die Spielregeln halten.	
6	Ich bin gern für andere da, unterstütze sie. Wenn ich Probleme habe, kann ich mich gut jemandem anvertrauen.	

7	Mich zu versöhnen fällt mir leicht. Durch meine Art erreiche ich schnell wieder Frieden nach einem Streit.
8	Ich öffne mich nicht so schnell. Dadurch wirke ich vielleicht eher kühl und distanziert.
9	In meinem Leben sollen Dinge möglichst gut geregelt sein.
10	Mir fällt es schwer, anderen zu sagen, was mich stört. Ich fürchte, dass der Kontakt dadurch abbricht.
11	Ich fühle mich leicht eingeengt, wenn alles eingeschränkt und festgelegt ist. Ich brauche Freiräume, in denen ich improvisieren kann.
12	Es ist mir unangenehm, anderen verpflichtet zu sein. Ich sorge lieber für mich selbst.
13	Auf mich kann man sich verlassen. Wenn ich etwas sage, halte ich mich auch daran.
14	Es ist mir wichtig, zu anderen einen herzlichen Kontakt zu haben.
15	Ich stehe gern im Mittelpunkt und reiße andere mit Charme und Temperament mit.
16	Ich kann gut meine Interessen durchsetzen. Dadurch werde ich nicht so leicht ausgenutzt.
17	Es ärgert mich, wenn andere mich überrumpeln.
18	Auch bei Konflikten versuche ich es im Guten. Wenn es sein muss, gebe ich nach, damit der andere mir nicht mehr böse ist.
19	Wenn etwas überraschend passiert, sehe ich das gern als Herausforderung. Ich bin sehr flexibel.
20	Ich sorge gern für eine sachliche Atmosphäre in Gesprächen.

Test: Die eigenen Grundtendenzen ermitteln

Auswertung

Tragen Sie anschließend die Ergebnisse in die folgende Tabelle ein und addieren Sie jeweils die Punkte in jeder der vier Spalten.

Nr.	Punkte	Nr.	Punkte	Nr.	Punkte	Nr.	Punkte
1		2		3		4	
5		6		7		8	
9		10		11		12	
13		14		15		16	
17		18		19		20	
Dauer		**Nähe**		**Wechsel**		**Distanz**	

Tabelle: Auswertung des Selbsttests

Je höher der jeweilige Wert für Dauer, Nähe, Wechsel und Distanz, desto stärker ist diese Grundtendenz bei Ihnen ausgeprägt.

Damit Sie sich vorstellen können, wie eine Auswertung aussehen könnte, gibt es ein Fallbeispiel für Sie.

Fallbeispiel 1: Herr Jensen – Ergebnisse seines Selbsttests

Henning Jensen arbeitet seit neun Jahren im Kundenservice eines Technikunternehmens. Er hat den Test für sich selbst gemacht und folgende Punktzahlen vergeben:

Nr.	Aussage	Punkte
1	Ich lasse mich ungern auf Situationen ein, deren Ausgang völlig unvorhersehbar ist.	0
2	Es fällt mir leicht, aus mir herauszugehen und Gefühle zu zeigen.	0

3	Ich brauche Abwechslung, sonst empfände ich mein Leben als grau und eintönig.	2
4	Möglichst objektiv zu sein halte ich für sehr wichtig.	2
5	Mir ist es wichtig, dass beide Seiten pünktlich und verlässlich sind und sich an die Spielregeln halten.	1
6	Ich bin gern für andere da, unterstütze sie. Wenn ich Probleme habe, kann ich mich gut jemandem anvertrauen.	2
7	Mich zu versöhnen fällt mir leicht. Durch meine Art erreiche ich schnell wieder Frieden nach einem Streit.	1
8	Ich öffne mich nicht so schnell. Dadurch wirke ich vielleicht eher kühl und distanziert.	2
9	In meinem Leben sollen Dinge möglichst gut geregelt sein.	0
10	Mir fällt es schwer, anderen zu sagen, was mich stört. Ich fürchte, dass der Kontakt dadurch abbricht.	0
11	Ich fühle mich leicht eingeengt, wenn alles eingeschränkt und festgelegt ist. Ich brauche Freiräume, in denen ich improvisieren kann.	2
12	Es ist mir unangenehm, anderen verpflichtet zu sein. Ich sorge lieber für mich selbst.	2
13	Auf mich kann man sich verlassen. Wenn ich etwas sage, halte ich mich auch daran.	0
14	Es ist mir wichtig, zu anderen einen herzlichen Kontakt zu haben.	0
15	Ich stehe gern im Mittelpunkt und reiße andere mit Charme und Temperament mit.	1
16	Ich kann gut meine Interessen durchsetzen. Dadurch werde ich nicht so leicht ausgenutzt.	1
17	Es ärgert mich, wenn andere mich überrumpeln.	0
18	Auch bei Konflikten versuche ich es im Guten. Wenn es sein muss, gebe ich nach, damit der andere mir nicht mehr böse ist.	0
19	Wenn etwas überraschend passiert, sehe ich das gern als Herausforderung. Ich bin sehr flexibel.	2
20	Ich sorge gern für eine sachliche Atmosphäre in Gesprächen.	1

Fallbeispiel: Selbsttest von Herrn Jensen

Er trägt die Punkte in das Bewertungsraster ein und addiert sie pro Spalte zu je einer Summe für Dauer, Nähe, Wechsel und Distanz:

Nr.	Punkte	Nr.	Punkte	Nr.	Punkte	Nr.	Punkte
1	0	2	0	3	2	4	2
5	1	6	2	7	1	8	2
9	0	10	0	11	2	12	2
13	0	14	0	15	1	16	1
17	0	18	0	19	2	20	1
Dauer	1	Nähe	2	Wechsel	8	Distanz	8

Fallbeispiel: Testauswertung von Herrn Jensen

Herrn Jensen fällt auf, dass er niedrige Werte bei Dauer und Nähe, hohe Werte bei Wechsel und Distanz erreicht hat:

Distanzbedürfnis hoch   (Wert = 8)

Nähebedürfnis gering   (Wert = 2)

Dauerbedürfnis gering   (Wert = 1)

Wechselbedürfnis hoch   (Wert = 8)

Diese vier Werte wird Herr Jensen in Schritt 2 in ein Koordinatensystem eintragen und in Schritt 3 zu einem Viereck, dem Heimatgebiet miteinander verbinden. Wir werden also bei beiden folgenden Schritten noch einmal auf dieses Fallbeispiel zurückkommen.

Vorher wird es jedoch wieder jeweils um Sie selbst gehen: Sie bekommen jeden der beiden Schritte kurz erklärt und können sie anhand Ihrer im Selbsttest ermittelten Werte selber gehen.

Schritt 2: Werte im Koordinatensystem eintragen

Das Koordinatensystem besteht aus einer Raumachse und einer Zeitachse. Die Raumachse ist die Waagerechte mit den Polen *Distanz* und *Nähe*. Die Zeitachse ist die Senkrechte mit den beiden Polen *Dauer* und *Wechsel*.

Wichtig zum Verständnis dieser Werte: Jeder Mensch hat nicht nur eine Grundtendenz, sondern ein Gemisch aus allen. Dabei kann er in jeder Grundtendenz einen Wert von 0 bis 100 Prozent haben. Die jeweilige Summe auf den beiden Achsen Raum (Nähe – Distanz) und Zeit (Dauer – Wechsel) muss deshalb keineswegs 100 Prozent ergeben, sondern kann darüber oder darunter liegen.

Zu Ihrem Selbsttest: Werte ins Koordinatensystem eintragen

Markieren Sie jetzt im folgenden Koordinatensystem die Summe der jeweiligen Grundtendenz aus Ihrem Selbsttest (siehe Auswertung auf Seite 86) auf der dazugehörigen Achse. Auf Seite 91 werden Sie anhand eines Fallbeispiels sehen, wie das aussehen kann.

Sich miteinander wohlfühlen – das Riemann-Thomann-Modell

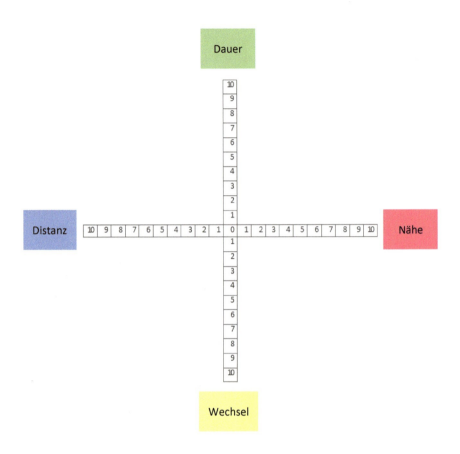

Grafik: Koordinatenkreuz für Ihren Selbsttest

Damit Sie sehen können, wie das aussehen könnte, kommen wir auf unser Fallbeispiel zurück:

Fallbeispiel 1: Herr Jensen – Werte im Koordinatensystem markieren

Der Kundenberater Herr Jensen hat im Koordinatensystem seine Werte für *Distanz*, *Dauer*, *Nähe* und *Wechsel* auf den entsprechenden Achsen markiert:

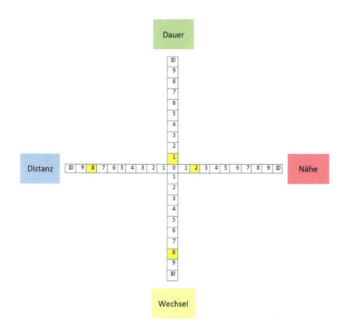

Fallbeispiel: Koordinatensystem mit den Werten von Herrn Jensen

Nachdem Sie die Werte in das Koordinatensystem eingetragen haben, kommt jetzt Schritt 3: Die vier Markierungen werden miteinander zu einem Viereck verbunden – dem Heimatgebiet. Auch hier wird es zunächst darum gehen, den Schritt zu erläutern. Dann können Sie ihn selber ausführen. Zum Veranschaulichen gehen wir erneut auf unser Fallbeispiel ein.

Schritt 3: Heimatgebiet

Der dritte und letzte Schritt im Riemann-Thomann-Modell besteht darin, im Koordinatensystem die vier Markierungen durch Geraden miteinander zu verbinden. Dieses Viereck wird *Heimatgebiet* genannt – das ist der Bereich, in dem sich die Person gewöhnlich aufhält und wohlfühlt. Das Heimatgebiet bildet die persönlichen Reaktionen ab, zu denen man am ehesten, vorbeugend und gewohnheitsmäßig neigt.

Damit Sie sich etwas unter dem Begriff *Heimatgebiet* vorstellen können, sehen Sie hier ein Beispiel. Auf dieses werden wir im dritten Fallbeispiel ab Seite 106 zurückkommen.

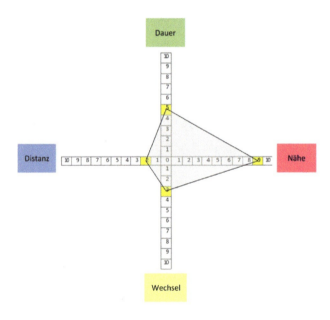

Grafik: Beispiel für ein Heimatgebiet

Heimatgebiete können größer oder kleiner sein. Ein größeres Heimatgebiet bedeutet, dass ein Mensch eine größere Bandbreite hat, sich zu verhalten und sich in andere einzufühlen. Ein kleineres Heimatgebiet kann bedeuten, dass ein

Mensch eine kleinere Bandbreite hat und in seinem Fühlen und Verhalten berechenbarer ist. Sich persönlich weiterzuentwickeln bedeutet nicht, sein Gebiet zu verschieben, sondern es zu erweitern.

Ein großes Heimatgebiet, das sich in alle Richtungen ausdehnt, ist der Schlüssel zu guten sozialen Kontakten – und hilfreich für die wertschätzende Korrespondenz. Denn das bedeutet, dass Sie mit vielen unterschiedlichen Persönlichkeiten empathisch kommunizieren können. Sie können deren Art zu schreiben verstehen und sich darauf einstimmen. Sie erreichen, dass jeder Korrespondenzpartner sich so wohl wie möglich mit Ihnen fühlen kann.

Auf Seite 96 werden Sie sehen, wie das Heimatgebiet von Herrn Jensen aus unserem ersten Fallbeispiel aussieht. Doch zunächst wieder zu Ihnen!

Zu Ihrem Selbsttest: Heimatgebiet einzeichnen

Zeichnen Sie in das folgende Koordinatenkreuz Ihre Werte noch einmal ein. Dann verbinden Sie die markierten Werte mit geraden Linien so miteinander, dass sich ein Viereck ergibt. Wenn Sie sich unsicher sind, wie das funktioniert, können Sie sich erst die Fallbeispiele durchlesen. Springen Sie danach wieder zurück zu dieser Textstelle.

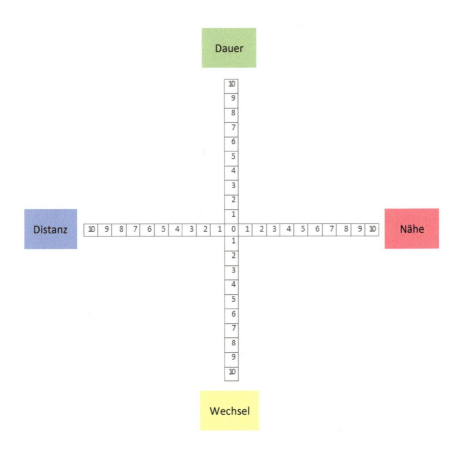

Grafik: Koordinatensystem für das Einzeichnen Ihres Heimatgebietes

Jetzt sehen Sie Ihr ungefähres *Heimatgebiet*. Ungefähr deshalb, weil die Fragestellungen nicht jedes Verhalten abdecken und es schwer ist, sich wirklich treffend selber einzuschätzen.

Nehmen Sie sich noch einige Minuten Zeit, um über die folgenden Fragen nachzudenken:

Reflexion *Heimatgebiet*

Es gibt hier kein Richtig oder Falsch. Es geht nur darum, das Entdeckte zu reflektieren und wirken zu lassen. Tauschen Sie sich auch gern mit einer Lernpartnerin oder einem Lernpartner aus.

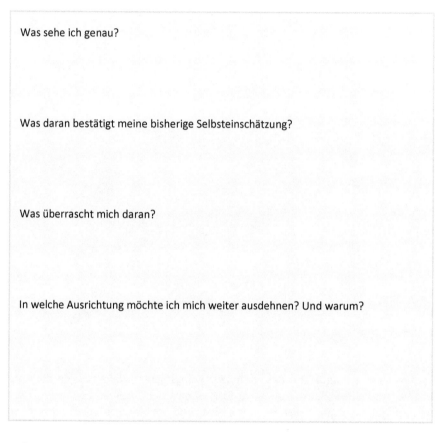

Was sehe ich genau?

Was daran bestätigt meine bisherige Selbsteinschätzung?

Was überrascht mich daran?

In welche Ausrichtung möchte ich mich weiter ausdehnen? Und warum?

Reflexion: Eigenes Heimatgebiet

Kommen wir noch einmal auf unser Fallbeispiel zurück, damit Sie sehen können, wie das Heimatgebiet von Herrn Jensen aussieht:

Fallbeispiel 1: Herr Jensen – Heimatgebiet einzeichnen

Herr Jensen hat die vier Werte durch Geraden zu einem Viereck verbunden. So sieht sein Heimatgebiet aus:

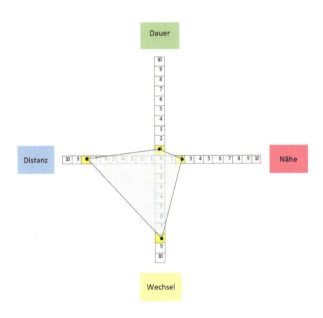

Fallbeispiel: Heimatgebiet von Herrn Jensen

Herr Jensen ist überrascht, dass sich sein Heimatgebiet gleichstark in die Pole *Wechsel* und *Distanz* ausdehnt. Zwar fühlt er sich durch seinen hohen Wert für *Wechsel* darin bestätigt, ein eher impulsiver und spontaner Mensch zu sein. Er war sich jedoch vorher nicht bewusst, wie wichtig Abstand und Sachlichkeit offenbar für ihn sind. Dies erkennt er jetzt durch die starke Ausdehnung seines Heimatgebietes hin zu *Distanz*.

Durch die starke Grundtendenz zu *Wechsel* und *Distanz* könnten folgende Probleme in der Korrespondenz entstehen: Bei auf *Nähe* und/oder *Dauer* ausgerichteten Korrespondenzpartnern könnte Herr Jensen deren Bedürfnisse nach Wärme und Konstanz zu wenig berücksichtigen.

Dadurch könnten sich diese zurückgewiesen fühlen oder sich über die wechselhafte Art ärgern und sich gestresst fühlen. Die Situation könnte eskalieren und schlimmstenfalls zum Abbruch der Geschäftsbeziehung führen.

Tipp: Damit Sie sich noch besser vorstellen können, was die unterschiedlichen Ausrichtungen genau bedeuten können, vergleichen Sie ruhig noch einmal die vier Grundtendenzen ab Seite 80.

Was kann Herr Jensen aus diesen Erkenntnissen heraus tun? Was kann er verändern, um positiv mit auf *Dauer* und *Nähe* ausgerichteten Menschen zu korrespondieren?

In Bezug auf das Thema *Dauer* nimmt sich Herr Jensen vor, ...

- ▶ Kunden und Kollegen zuverlässiger zu antworten,
- ▶ Versprochenes einzuhalten,
- ▶ pünktlich zu Terminen zu erscheinen und
- ▶ bei seinen E-Mails für eine sorgfältigere Form, klarere Struktur und größere Korrektheit zu sorgen.

In Bezug auf das Thema *Nähe* nimmt sich Herr Jensen vor, ...

- ▶ sich so gut wie möglich in seine Korrespondenzpartner hineinzuversetzen,
- ▶ ihnen seine Gedanken und Gefühle offener mitzuteilen,
- ▶ seinen aktiven Wortschatz in Richtung freundlich, herzlich, warm zu erweitern sowie
- ▶ etwas ausführlicher, zugewandter, persönlicher und verständnisvoller zu schreiben.

Das alles wird ihm vermutlich nicht leichtfallen. Er wird wahrscheinlich Widerstände empfinden, sich anfangs unsicher und unwohl fühlen. Vielleicht braucht er auch Unterstützung durch weitere Literatur, Schulungen oder durch einen Coach. Jedoch wird sich auf diese Weise seine Persönlichkeit, seine Kommunikation und insbesondere seine Korrespondenz weiterentwickeln. Er kann immer besser auf die Bedürfnisse derjenigen achten, die anders als er *Dauer* und *Nähe* brauchen.

Er wird dafür belohnt, indem er positive Reaktionen bekommt, weniger Konflikte entstehen, Situationen sich entspannen sowie die Korrespondenz mehr Spaß bringt und erfolgreichere Ergebnisse bewirkt.

In einem zweiten Fallbeispiel möchte ich Ihnen noch einmal veranschaulichen, wie aus den Testwerten ein Heimatgebiet erstellt wird. Außerdem wird deutlicher, welchen Nutzen der Anwender daraus ziehen kann – für sein Wohlgefühl, seine Persönlichkeitsentwicklung und seine Korrespondenz. Es geht hier immer noch um das Anwenden des Riemann-Thomann-Modells auf die eigene Person.

Fallbeispiel 2: Herr Rückert

Tobias Rückert ist Diplom-Ingenieur und leitet ein Team in einem technischen Unternehmen. Nach dem Ergebnis des Fragebogens hat er folgende Werte in das Koordinatensystem eingetragen:

Distanz	Wert = 7
Nähe	Wert = 4
Dauer	Wert = 8
Wechsel	Wert = 1

Die Werte hat er zu diesem Viereck miteinander verbunden:

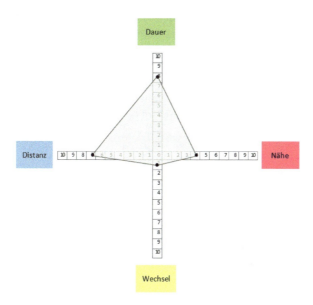

Fallbeispiel: Heimatgebiet von Herrn Rückert

Herr Rückert sieht, dass sein Heimatgebiet vor allem im linken oberen Quadranten liegt. Ihm fällt der hohe Wert auf der Achse *Dauer* auf. Er weiß zwar, dass er ein Mensch ist, der Verlässlichkeit braucht. Von sich selbst und von seinen Mitarbeitern erwartet er tatsächlich hohe Qualität und Pflichtgefühl. Er antwortet sehr zuverlässig auf E-Mails, mag einen konservativen Schreibstil, formuliert sehr höflich und manchmal etwas altmodisch. Dass *Dauer* bei ihm derart ausgeprägt zu sein scheint, hätte Herr Rückert allerdings nicht erwartet.

Bestätigend für ihn war, dass sein Heimatgebiet sich recht weit in Richtung *Distanz* erstreckt. Er hatte sich schon immer eher als den Verstandesmenschen eingeschätzt. Sein technischer Beruf hat ihn geprägt – hier wird eher sachlich-nüchtern kommuniziert. Ein wenig überrascht ihn, dass sein Heimatgebiet sich auch in den Bereich *Nähe* ausdehnt. Als er darüber nachdenkt, fällt ihm ein, dass er durch seine Mutter und seine Schwester mit sehr herzlichen Menschen aufgewachsen ist und sich durchaus mit ihnen wohlfühlt. Er erkennt, dass er sich vielleicht auch deshalb in seiner Korrespondenz gut auf die drei Frauen in seinem Team einstellen kann, die sehr freundlich und emotional sind.

Ihm fällt auf, dass seine Ausrichtung auf *Wechsel* quasi nicht vorhanden ist. Zwar ist ihm bewusst, dass er kein risikofreudiger und abenteuerlustiger Mensch ist. Aber so wenig flexibel und offen möchte er nicht sein. Er nimmt sich vor, mehr auszuprobieren. Die Ideen seiner Mitarbeiter will er aufmerksamer anhören. Seinen Schreibstil möchte er entstauben. Um etwas Neues auszuprobieren und gleichzeitig auch sein Heimatgebiet in Richtung Nähe auszubauen, will er einen Tango-Kurs besuchen. Der Gedanke daran macht ihm ein bisschen Angst, aber er ist bereit für dieses Wagnis.

Herr Rückert konnte also durch den Selbsttest und das Zeichnen des Heimatgebietes erkennen, dass er

- tatsächlich viel *Dauer* und *Distanz* braucht, um sich wohlzufühlen,
- durchaus *Nähe* pflegen kann und
- ein großes Entwicklungspotenzial in Richtung *Wechsel* hat.

Er zieht die entsprechenden Konsequenzen daraus und setzt Schritt für Schritt um, was er sich vorgenommen hat. Die Rückmeldungen seiner Mitarbeiter, seiner Korrespondenzpartner, seiner Familie und seiner Freunde bestätigen ihn, seine Lebensfreude wächst im Laufe der nächsten Wochen und Monate.

Ziel des nächsten Abschnittes ist, dass noch klarer wird, wie Sie das Riemann-Thomann-Modell für eine wertschätzende Korrespondenz nutzen können.

6.5 Anwenden des Riemann-Thomann-Modells auf Ihren Korrespondenzpartner

Als Erstes haben Sie Ihre eigenen Grundtendenzen mit Hilfe des Modells eingeschätzt. Damit wissen Sie jetzt besser, was Sie selber brauchen, um sich wohlzufühlen. Dies hilft Ihnen dabei, unangenehme Gefühle wahrzunehmen, ohne Ihr Verhalten von ihnen bestimmen zu lassen.

Jetzt können Sie dieses Modell auch auf Ihren Korrespondenzpartner übertragen. So können Sie sich darüber hinaus besser vorstellen, was dieser braucht, um sich wohlzufühlen. Sie können also ein besseres Gefühl für die Bedürfnisse des Gegenübers entwickeln. Dies hilft dabei, sie oder ihn wertzuschätzen und zu verstehen.

Für eine gelungene Korrespondenz ist es also wichtig, nicht nur Ihr eigenes Heimatgebiet, sondern auch das Ihres Korrespondenzpartners zu erkunden. Wie finden Sie nun heraus, wie das Heimatgebiet Ihres jeweiligen Kommunikationspartners aussieht? Was braucht er oder sie, um sich wohlzufühlen – auch in der Korrespondenz? Dazu sehen Sie zunächst den Test von den Seiten 84/85 so umformuliert, dass Sie ihn für das Einschätzen Ihres Korrespondenzpartners nutzen können:

Test *Korrespondenzpartner*

Nr.	Aussage	Punkte
1	Sie/er lässt sich ungern auf Situationen ein, deren Ausgang völlig unvorhersehbar ist.	
2	Es fällt ihm/ihr leicht, aus sich herauszugehen und Gefühle zu zeigen.	
3	Sie/er braucht Abwechslung, sonst empfände sie/er das Leben als grau und eintönig.	
4	Möglichst objektiv zu sein hält sie/er für sehr wichtig.	
5	Ihr/ihm ist es wichtig, dass beide Seiten pünktlich und verlässlich sind und sich an die Spielregeln halten.	
6	Sie/er ist gern für andere da, unterstützt sie. Wenn sie/er Probleme hat, kann sie/er sich gut jemandem anvertrauen.	
7	Sich zu versöhnen fällt ihr/ihm leicht. Durch ihre/seine Art erreicht sie/er schnell wieder Frieden nach einem Streit.	

8	Sie/er öffnet sich nicht so schnell. Dadurch wirkt sie/er eher kühl und distanziert.	
9	In ihrem/seinem Leben sollen Dinge möglichst gut geregelt sein.	
10	Ihr/ihm fällt es schwer, anderen zu sagen, was sie/ihn stört. Sie/er fürchtet, dass der Kontakt dadurch abbricht.	
11	Sie/er fühlt sich leicht eingeengt, wenn alles eingeschränkt und festgelegt ist. Sie/er braucht Freiräume, in denen sie/er improvisieren kann.	
12	Es ist ihr/ihm unangenehm, anderen verpflichtet zu sein. Sie/er sorgt lieber für sich selbst.	
13	Auf sie/ihn kann man sich verlassen. Wenn sie/er etwas sagt, hält sie/er sich auch daran.	
14	Es ist ihr/ihm wichtig, zu anderen einen herzlichen Kontakt zu haben.	
15	Sie/er steht gern im Mittelpunkt und reißt andere mit Charme und Temperament mit.	
16	Sie/er kann gut seine Interessen durchsetzen. Dadurch wird sie/er nicht so leicht ausgenutzt.	
17	Es ärgert sie/ihn, wenn andere sie/ihn überrumpeln.	
18	Auch bei Konflikten versucht sie/er es im Guten. Wenn es sein muss, gibt sie/er nach, damit der andere ihr/ihm nicht mehr böse ist.	
19	Wenn etwas überraschend passiert, sieht sie/er das gern als Herausforderung. Sie/er ist sehr flexibel.	
20	Sie/er sorgt gern für eine sachliche Atmosphäre in Gesprächen.	

Test: Korrespondenzpartner

Auswertung

Tragen Sie die Ergebnisse in die folgende Tabelle ein und addieren Sie jeweils die Punkte in jeder der vier Spalten.

Nr.	Punkte	Nr.	Punkte	Nr.	Punkte	Nr.	Punkte
1		2		3		4	
5		6		7		8	
9		10		11		12	
13		14		15		16	
17		18		19		20	
Dauer		Nähe		Wechsel		Distanz	

Tabelle: Testauswertung Korrespondenzpartner

Koordinatenkreuz *Korrespondenzpartner*

In das folgende Koordinatenkreuz können Sie jetzt die Werte eintragen und das Heimatgebiet Ihres Korrespondenzpartners einzeichnen.

Sich miteinander wohlfühlen – das Riemann-Thomann-Modell

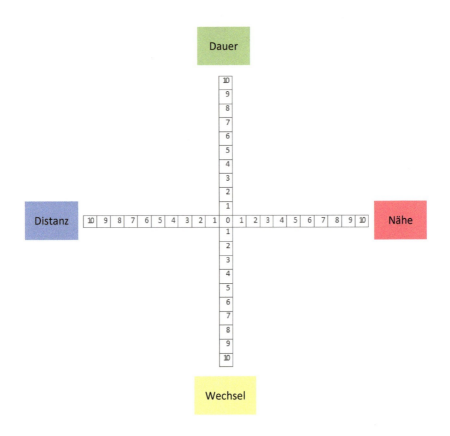

Grafik: Koordinatenkreuz Korrespondenzpartner

6.6 Alternative zu Test und Heimatgebiet: Checkliste *Korrespondenzpartner*

Wenn Sie Ihren Korrespondenzpartner kaum kennen, dann lässt sich der detaillierte Test kaum durchführen und auch das Heimatgebiet sich nicht genau bestimmen. Vielleicht reichen die Informationen über ihn jedoch aus, um die folgende Checkliste auszufüllen. Mit deren Hilfe können Sie sich Ihrem Korrespondenzpartner annähern.

Checkliste *Korrespondenzpartner*

Fragen	Notizen
Wie schätze ich meinen Korrespondenzpartner ein? Welches sind vermutlich ihre oder seine stärksten Grundtendenzen? *Distanz? Dauer? Nähe? Wechsel?*	
Was braucht sie oder er deshalb wahrscheinlich, um sich wertgeschätzt und wohlzufühlen (siehe die vier Grundausrichtungen ab S. 80)?	
Ist ein Brief oder eine E-Mail das richtige Medium in dieser Situation? Kann ich meine und seine/ihre Grundtendenz besser schriftlich als mündlich berücksichtigen? Ja, weil … Nein, weil … Meine Entscheidung:	
Wenn ja: Wie sollte ich formulieren, strukturieren und gestalten, damit sie oder er sich verstanden und respektiert fühlt?	
Was sollte ich vermeiden?	
Was ist das Ziel meines Schreibens? Wie erreiche ich es am besten – mit Berücksichtigen der Grundtendenz/en?	

Checkliste: Korrespondenzpartner

Dies ist sozusagen eine Minimalvariante der Schritte 1 bis 3 im Riemann-Thomann-Modell. Je häufiger Sie mit dem Modell arbeiten, desto sicherer werden Sie damit und desto größer wird der Nutzen für Ihre Korrespondenz sein.

Anhand eines dritten Fallbeispiels möchte ich Ihnen zeigen, welche Erkenntnisse möglich sind, wenn Sie das Modell auf Ihren Korrespondenzpartner anwenden. Und wie ein konkretes Schreiben aussehen kann, das auf dieser Grundlage formuliert wurde.

Fallbeispiel 3: Frau Gärtner und Herr Jensen – eine Beschwerde beantworten

Susanne Gärtner ist 62 Jahre alt und lebt allein. Sie ist langjährige Kundin eines Technikunternehmens, von dem sie vor zwei Jahre eine hochwertige Waschmaschine gekauft hat. Diese Waschmaschine ist nun explodiert, während Frau Gärtner im Nebenraum war. Die Einzelteile und Splitter flogen durch die ganze Küche, hinterließen ein Loch im Deckenputz, zerkratzten die Einbauküche. Die Wäsche lag überall verteilt im Raum, sogar oben auf den Küchenschränken. Frau Gärtner hat sich telefonisch beim Kundenservice des Technikunternehmens beschwert – nehmen wir einmal an, bei Herrn Jensen, den Sie aus dem ersten Fallbeispiel kennen.

Herr Jensen will ihr mit Hilfe des Riemann-Thomann-Modells wertschätzend antworten. Da er Frau Gärtner schon seit vielen Jahren persönlich, über das Telefon und über verschiedene Korrespondenzen kennt, war es ihm möglich, den Test auszufüllen. Es haben sich folgende Werte ergeben:

Distanzbedürfnis gering	(Wert = 2)
Nähebedürfnis hoch	(Wert = 9)
Dauerbedürfnis mittel	(Wert = 5)
Wechselbedürfnis eher gering	(Wert = 3)

Diese Werte hat Herr Jensen in das Koordinatensystem eingetragen und das Heimatgebiet eingezeichnet:

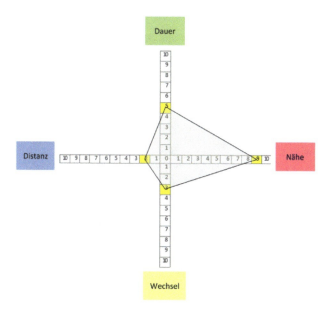

Fallbeispiel: Heimatgebiet von Frau Gärtner

Das Heimatgebiet von Frau Gärtner zeigt, wo sie sich besonders wohlfühlt: viel *Nähe* in Verbindung mit *Dauer*, etwas *Wechsel* und kaum *Distanz*. Vergleichen Sie dazu noch einmal die Beschreibungen der vier verschiedenen Ausrichtungen ab Seite 80.

Gerät eine Person in Stress, neigt sie dazu, umso stärker im Rahmen dieses Heimatgebietes zu reagieren. Für diesen Fall bedeutet das:

Frau Gärtner fordert verstärkt Nähe, braucht besonders viel Wärme und Freundlichkeit. Gleichzeitig braucht sie eher Konstanz, Ordnung, Verlässlichkeit und eine gewisse Kontrolle. Wenn Herr Jensen dies in seiner Antwort berücksichtigt, kann er Frau Gärtner so schreiben, dass sie sich entspannt, wohlfühlt, positiv reagiert.

Seine Antwort auf Frau Gärtners Beschwerde sieht schließlich so aus:

Liebe Frau Gärtner,

vielen Dank, dass Sie uns den Vorfall gemeldet haben und dabei bewundernswert freundlich geblieben sind.

Ich kann mir gut vorstellen, wie geschockt und ärgerlich Sie sein müssen. Bitte entschuldigen Sie, dass Sie durch eines unserer Geräte in diese schlimme Situation gekommen sind. Es tut uns außerordentlich leid!

Wir haben im Team darüber gesprochen, wie wir das wiedergutmachen und dafür sorgen können, dass es nicht wieder passiert.

Unser Vorschlag: Wir beauftragen Firma Gerion, die den Schaden an Ihrer Küche schnellstmöglich repariert. Firma Berchtold wird sich noch in dieser Woche um das Loch im Deckenputz kümmern. Für die Lieferung und den Anschluss Ihrer neuen Waschmaschine *Profi 3000* schicken wir Ihnen Anfang nächster Woche unseren Spezialisten, Herrn Koch. Er wird jedes Jahr für eine Wartung kommen. Selbstverständlich geht all dies auf unsere Kosten.

Haben Sie Fragen an uns? Können wir noch etwas für Sie tun? Bitte melden Sie sich – wir sind für Sie da!

Freundliche Grüße nach Ottensen

Henning Jensen

Beispiel: Antwort auf eine Beschwerde

Durch die Wortwahl wird Frau Gärtners Bedürfnis nach Wärme, Nähe, Verständnis, Umsorgtwerden erfüllt. Gleichzeitig beherzigt Herr Jensen Frau Gärtners Dauerbedürfnis, indem er exakt benennt, wer sich wann um welche Aufgabe kümmern wird. Ein starker Eindruck von Zuverlässigkeit entsteht.

Über die lebendige Art des Formulierens berücksichtigt Herr Jensen darüber hinaus auch noch Frau Gärtners leichte Ausrichtung auf *Wechsel*.

6.7 Herausforderungen, Gewinn und Erkenntnisse

Wir haben gesehen, dass eine auf das Heimatgebiet des Korrespondenzpartners abgestimmte Art des Schreibens erfolgversprechend ist. Und wir wissen auch, dass eine wertschätzende Korrespondenz auf Dauer nur gelingt, wenn ich mein eigenes Heimatgebiet kenne und berücksichtige. Was passiert jedoch, wenn beides nicht gelingt?

Mache ich mir meine eigene Grundtendenz nicht bewusst, kann das negative Folgen haben:

Gerade in stressigen Situationen neigen wir dazu, in unsere Extreme zu gehen. Aufgrund von starken Emotionen reagieren wir ungünstig. Ohne uns dessen bewusst zu sein, setzen wir dadurch wiederum anders ausgerichtete Korrespondenzpartner unter Stress – es kommt zu Spannungen und Konflikten.

Eine Beschwerde zu beantworten kann eine solche stressige Ausgangssituation sein. Brauche ich selber viel *Distanz* und *Wechsel*, wird es mir schwerfallen, eine Antwort an eine Kundin wie Frau Gärtner (Fallbeispiel 3) zu schreiben, die ihre Bedürfnisse nach *Nähe* und *Dauer* erfüllt.

Wenn dieser Gegensatz häufig vorkommt, kann das bei mir selber Stress, Unwillen und Frust auslösen. Denn wer beispielsweise als sachlicher, distanzierter, risikofreudiger Mensch ständig hoch emotionalen und sicherheitsbedürftigen Korrespondenzpartnern antworten muss, muss für deren Wertschätzung immer wieder sein eigenes Heimatgebiet verlassen.

Berücksichtige ich die Grundtendenz meines Gegenübers nicht, könnte zum Beispiel Folgendes passieren:

- Seine auf *Nähe* ausgerichtete Reaktion könnte verletzt, verunsichert und sehr emotional ausfallen.
- Seine auf *Distanz* ausgerichtete Reaktion könnte kalt, verschlossen und bestimmend ausfallen.
- Seine auf *Dauer* ausgerichtete Reaktion könnte unflexibel, überkorrekt und auf Regeln beharrend ausfallen.
- Seine auf *Wechsel* ausgerichtete Reaktion könnte unberechenbar, unzuverlässig und chaotisch ausfallen.

Stellen Sie sich zum Beispiel vor, Herr Jensen (Fallbeispiel 1) antwortet Frau Gärtner (Fallbeispiel 3) seiner starken *Distanz*-Ausrichtung entsprechend sehr knapp, nüchtern und distanziert. Da sie ja ein sehr auf *Nähe* ausgerichteter Mensch ist, fühlt sich diese Art der Antwort vermutlich sehr unangenehm für sie an. Sie fühlt sich nicht verstanden, nicht getröstet, nicht unterstützt. Ihr Ärger wird zunehmen. Sie wird vielleicht eine Beschwerde an die Geschäftsleitung schreiben.

Höchstwahrscheinlich wird sie einen sehr schlechten Eindruck gewinnen vom Kundenservice – nachdem schon das Gerät ein Desaster für sie war. Da sie sehr kontaktfreudig ist, wird sie ihre schlechten Erfahrungen ihrer Familie und ihren vielen Freundinnen berichten.

Natürlich hängt alles auch davon ab, was Herr Jensen ihr inhaltlich anbietet. Aber Frau Gärtners starkes Nähebedürfnis wäre in dieser für sie sehr stressigen Situation unerfüllt geblieben, und es würden schlechte Gefühle zurückbleiben.

Was gewinne ich also, wenn ich mich anhand des Riemann-Thomann-Modells mit meinem Heimatgebiet und dem meines Korrespondenzpartners auseinandersetze?

Wenn ich mir **meine eigene Grundtendenz** bewusst mache, kann ich den Umgang mit Gegensätzen auch als Herausforderung und wertvolle Aufgabe empfinden. Denn vielleicht führt es mich zu einer Entwicklung, die nicht nur für den Kunden, sondern auch für mich einen Gewinn bedeutet – bei aller Schwierigkeit, die dieser Prozess mitführen wird. Denn das Verlassen der Komfortzone kann zuweilen unangenehme Gefühle auslösen und vielleicht anstrengend werden.

Jedoch kann es sich wirklich auszahlen. Zum Beispiel wird sich voraussichtlich Folgendes positiv für mich selber entwickeln, wenn ich mein Heimatgebiet erforsche und ausdehne:

- Ich kann meine Art zu fühlen und zu reagieren besser verstehen und annehmen.
- Ich kann flexibler reagieren, wenn ich unter Stress gerate.
- Ich kann gelassener antworten, auch wenn jemand mich auf eine Art und Weise anschreibt, die nicht meiner eigenen Ausrichtung entspricht.
- Ich lerne besser kennen, was ich brauche, um mich wohlzufühlen.
- Dadurch kann ich meine Bedürfnisse und Wünsche klarer formulieren.

- Das bewirkt positivere Reaktionen von meinem Korrespondenzpartner.
- Im Endeffekt lerne ich mich selber besser wertzuschätzen – eine der Grundlagen für wertschätzende Kommunikation/Korrespondenz.

Wenn ich mir die **Grundtendenz meines Korrespondenzpartners** bewusst mache und sie zunehmend berücksichtige, kann sich Folgendes positiv entwickeln:

- Je besser es mir gelingt, dass mein Korrespondenzpartner sich wohl und geschätzt fühlt, desto mehr Spaß bringt die Kommunikation mit ihm.
- Er reagiert positiv, erfreut, angenehm überrascht.
- Er beruhigt sich schneller und kann seine Extreme verlassen.
- Vermutlich kann er sich dadurch auch besser auf mich einstellen.
- Damit lassen sich Konflikte vermeiden und lösen.
- Die Korrespondenz verläuft friedlicher, entspannter, wertschätzender.

Deshalb kann es sehr sinnvoll sein, sich zu fragen: Zu welcher Reaktion neigt mein Korrespondenzpartner, besonders in stressigen Situationen? Wie kann ich ihm schreiben, damit er nicht in seine Extreme zu gehen braucht?

Es kann sich also auf der einen Seite sehr lohnen, sein eigenes Heimatgebiet, seine eigene Komfortzone kennenzulernen und zu verlassen. Und es ist erfolgversprechend, sich mit der Ausrichtung seines Korrespondenzpartners zu beschäftigen und sie bei der Korrespondenz mit ihm zu beherzigen.

Reflexion *Riemann-Thomann-Modell*

Sie haben in diesem Kapitel das Riemann-Thomann-Modell kennen und anwenden gelernt. Nehmen Sie sich noch ein bisschen Zeit und notieren Sie Ihre Erkenntnisse und Ziele. Sie können auch eine Mindmap zeichnen oder Ihre Gedanken auf andere Art und Weise visualisieren.

> Was konnte ich für mich gewinnen? Was hat das Riemann-Thomann-Modell angeregt? Was nehme ich mir konkret vor, um mein Heimatgebiet zu erweitern?

Reflexion: Riemann-Thomann-Modell

7 Ich bin okay, du bist okay – die Transaktionsanalyse

Wenn Sie an Psychologie tiefer interessiert sind, kann Ihnen dieses Kapitel noch weitere Erkenntnisse und Ideen liefern.

Die Transaktionsanalyse (TA) ist eine psychologische Theorie der menschlichen Persönlichkeitsstruktur. Sie wurde Mitte des 20. Jahrhunderts vom amerikanischen Psychiater Eric Berne (1910–1970) begründet und wird bis heute weiterentwickelt. Sie wird vor allem in der Pädagogik, der Psychologie, der Organisationswissenschaft und der Organisationsberatung angewendet.

Die TA hilft dabei, Kommunikationsstörungen zu verstehen und Konflikte zu lösen. Sie kann Sie dabei unterstützen, negative Mechanismen in Bezug auf Ihre Korrespondenzpartner zu erkennen und zu verändern. Darüber hinaus kann die Auseinandersetzung mit diesem Konzept zu einem wertschätzenden Menschenbild beitragen – Basis für eine wertschätzende Korrespondenz, die nicht nur auf Textbausteinen beruht, sondern die aus einer inneren Haltung heraus in die Tasten fließt.

Nutzen und Wirkung der TA

Es kann für Sie folgende Vorteile haben, sich mit der Transaktionsanalyse zu beschäftigen und sie in der Praxis anzuwenden:

▶ Ihr Korrespondenzpartner erfährt Verständnis und Respekt.
▶ Kommunikationsstörungen können erkannt und behoben werden.
▶ Die Persönlichkeit entwickelt sich weiter in Richtung auf ein selbstbestimmtes Leben und Verhalten im Hier und Jetzt.
▶ Die Fähigkeit wird darin gestärkt, sich selbstbewusst, respektvoll, achtsam, rücksichtsvoll und beitragend zu verhalten.

Grundannahmen und Instrumente der Transaktionsanalyse

- Jeder Mensch ist in all seinen Schattierungen und in seiner Ganzheit in Ordnung (*„okay"*).
- Jeder Mensch ist dazu fähig, zu denken und Probleme zu lösen.
- Jeder Mensch ist dazu in der Lage, Verantwortung für sein Leben und dessen Gestaltung zu übernehmen.
- Jeder Mensch ist dazu in der Lage, seine Gedanken, Gefühle, Empfindungen und die sich daraus ergebenden Handlungen bewusst wahrzunehmen und zu steuern.
- Alle emotionalen Schwierigkeiten sind heilbar.

7.1 Die vier Lebensanschauungen der TA

Es werden vier Lebensanschauungen unterschieden, die in den ersten Lebensjahren angelegt werden:

a) Ich bin nicht okay und du bist okay. (-/+)

b) Ich bin okay und du bist nicht okay. (+/-)

c) Ich bin nicht okay und du bist nicht okay. (-/-)

d) Ich bin okay und du bist okay. (+/+)

Reflexion *Vier Lebensanschauungen der TA*

Wie ist Ihre Basis? Nehmen Sie sich kurz Zeit und denken Sie über die folgenden Fragen nach:

Fragen	Notizen
Wie gehe ich überwiegend durch mein Leben? Welche dieser Aussagen herrschen vor? a) Ich und du sind beide wertvoll. (++) b) Ich bin mehr wert als du. (+ -) c) Ich bin weniger wert als du. (-+) d) Weder ich noch du sind wertvoll. (--) Was in meiner Vergangenheit hat dazu beigetragen, dass ich so durch die Welt gehe? Was hat mir dieser Blick genützt? Möchte ich diese Basis beibehalten? Wenn nicht: Was möchte ich ändern und was brauche ich dafür?	

Reflexion: Vier Lebensanschauungen der TA

7.2 Die drei inneren Ich-Zustände der Persönlichkeit

Nach der TA fühlt, denkt und handelt der Mensch aus drei verschiedenen Persönlichkeitszuständen heraus: dem Kindheits-Ich, dem Erwachsenen-Ich und dem Eltern-Ich. Dies erinnert an Sigmund Freuds Unterteilung in Es, Ich und Über-Ich.

- Wir können abgespeichertes Erleben von früher erneut aktivieren, der Zustand wird dann (angepasstes, rebellisches oder natürliches) **Kindheits-Ich** genannt. In diesem Zustand kommen Wünsche, Ängste und Sehnsüchte spontan und unkontrolliert zum Ausdruck.
- Der Erlebenszustand, der sich in angemessener Weise voll und ganz auf das Hier und Jetzt bezieht, wird als **Erwachsenen-Ich** bezeichnet. Dieser Zustand bedeutet ein partnerschaftliches Verhalten und ermöglicht verschiedene Varianten, vernünftig Probleme zu lösen und sich zu entscheiden. In einer wertschätzenden Korrespondenz ist es das Ziel, möglichst aus dem Erwachsenen-Ich heraus zu schreiben.
- Wenn wir uns auf eine Art und Weise erleben, die wir im Denken, Fühlen und Verhalten von anderen übernommen haben, so befinden wir uns im (kritischen oder fürsorglichen) **Eltern-Ich**. In diesem Zustand reaktiviert und vermittelt man alle erlernten Verbote und Gebote, Verhaltensregeln, Gesetze und Normen.

Die TA geht davon aus, dass jeder Mensch diese drei Zustände in sich trägt. Jeder verfügt also über ein Kindheits-Ich, ein Eltern-Ich und ein Erwachsenen-Ich.

Für die Kommunikation bedeutet dies: Die Botschaft entwickelt sich aus einem dieser drei Zustände heraus und richtet sich auch an einen dieser drei Persönlichkeitszustände des jeweiligen Kommunikationspartners. Ein Beispiel soll dies veranschaulichen:

Der Vorgesetzte schreibt an seinen Mitarbeiter: *„Da haben Sie ja wirklich totalen Mist produziert! Solche Fehler dürfen Ihnen einfach nicht passieren, das gibt sonst Konsequenzen!"* Der Mitarbeiter antwortet: *„Tut mir entsetzlich leid – ich werde alles dafür tun, dass das nicht wieder vorkommt!"*

Aus der Perspektive der TA sendet der Vorgesetzte eine abwertend-drohende Elternbotschaft an den Mitarbeiter. Dieser reagiert darauf eingeschüchtert mit einer Kindbotschaft.

Könnte der Mitarbeiter jedoch antworten: *„Sie haben recht, das ist ein schwerwiegender Fehler. Bitte teilen Sie mir mit, wer aus der Abteilung mir den Prozess kurz erklären kann"*, dann hätte er auf die Elternbotschaft mit einer Erwachsenenbotschaft reagiert und der Korrespondenz damit einen anderen Impuls gegeben.

Die verschiedenen Persönlichkeitszustände erkennen

Woran kann ich den jeweiligen Persönlichkeitszustand meines Gegenübers erkennen? Dabei können mir vor allem seine Worte, Stimme, Gestik, Mimik und seine zum Ausdruck kommenden Einstellungen helfen.

Die folgende Tabelle macht Sie mit den verschiedenen Ich-Zuständen vertrauter. Sie ist auf die ganze, nicht nur die schriftliche Kommunikation bezogen.

	Eltern-Ich		Erwachsenen-Ich	Kindheits-Ich	
	kritisches	fürsorgliches		natürliches	angepasstes bzw. rebellisches
Worte	schlecht, sollte, hätte, muss, immer, nie, lächerlich	gut, hübsch, ich liebe dich, reizend, prima	wie, was, warum, praktisch, möglich, ich denke, dass	toll, Spaß, will, will nicht, aua, Juhu, au ja	kann nicht, wünschen, hoffen, versuchen, bitte, danke, mir doch egal, weiß ich doch nicht
Stimme	kritisch, herablassend, scharf	liebevoll, tröstend, besorgt	gleichbleibend, sachlich, freundlich	frei, laut, lebendig	weinerlich, trotzig, bettelnd
Gestik, Mimik	mit dem Finger deuten, Stirnrunzeln, stechender Blick	akzeptierend, mit offenen Armen, lächelnd	offen, nachdenklich, aufgeweckt	ungehemmt, locker, spontan	unschuldiger Augenaufschlag, geduckte Haltung, Tränen, Schmollmund, Wutanfälle
Einstellung	beurteilend, moralisierend, autoritär, korrigierend	verständnisvoll, fürsorglich, gebend, bevormundend	aufrecht, abwägend, konstruktiv, sachlich, respektvoll	neugierig, lustig, veränderlich	nachgiebig, beschämt, fordernd, trotzig

Tabelle: Die vier Persönlichkeitszustände

Bei der Korrespondenz fehlen uns – wenn wir den Ich-Zustand des anderen erkennen wollen – die Indizien *Stimme* und *Gestik, Mimik* in der direkten Form. Statt der tatsächlich hörbaren Stimme haben wir jedoch den *Tonfall* des Geschriebenen. Für die Gestik oder Mimik haben wir weniger Anhaltspunkte. Hier kommt es darauf an, wie gut Sie Ihren Korrespondenzpartner kennen und ob Sie zu dem Thema vor Kurzem mit ihm persönlich gesprochen haben. Auch lässt die Wortwahl wieder vorsichtige Rückschlüsse zu.

Reflexion *Persönlichkeitszustände*

Bitte denken Sie an Ihre letzte Korrespondenz. Gab es in den E-Mails oder in vorangegangenen Gesprächen/Telefonaten Indizien, die auf einen der drei Persönlichkeitszustände schließen lassen können? Und wie haben Sie reagiert?

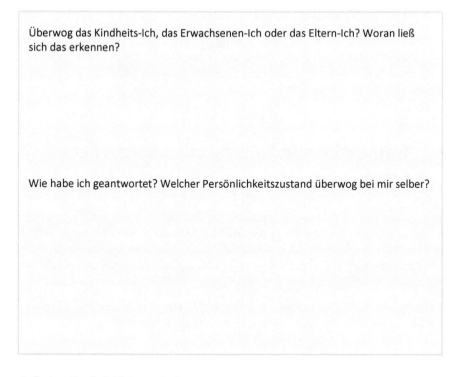

Überwog das Kindheits-Ich, das Erwachsenen-Ich oder das Eltern-Ich? Woran ließ sich das erkennen?

Wie habe ich geantwortet? Welcher Persönlichkeitszustand überwog bei mir selber?

Reflexion: Persönlichkeitszustände

Wie das Vier-Farb-Modell und das Riemann-Thomann-Modell ist die TA dafür geeignet, sich selber besser zu verstehen und anzunehmen. Sie hilft gleichzeitig dabei,

- zu verstehen, warum ein Konflikt entstanden (und eskaliert) ist,
- Machtspiele zu durchschauen und daraus auszusteigen,
- bewusst aus dem Erwachsenen-Ich heraus zu schreiben und damit die Situation zu entschärfen sowie
- sich auf gleiche Augenhöhe mit dem Korrespondenzpartner zu begeben.

Für das Verständnis und das Anwenden der Transaktionsanalyse sind neben den vier Lebensanschauungen (siehe Seite 114) und den drei Persönlichkeitszuständen (siehe Seite 116) die namensgebenden Transaktionen wichtig. Zu Letzteren bekommen Sie jetzt gebündelte Informationen, um schnell den Bogen zur wertschätzenden Korrespondenz spannen zu können.

Für das Vertiefen des Konzepts der TA empfehle ich das Buch *Einmal o.k., immer o.k. Transaktionsanalyse für den Alltag* von Harris/Harris (2011). Die Autoren beschreiben mit den *Sieben Schritten der Spurensuche* einen Weg, aus schädlichen Mustern herauszukommen.

7.3 Transaktion: Bedeutung und verschiedene Arten

Eine Transaktion ist die grundlegende Verhaltenseinheit (hier gleich auf Korrespondenz bezogen): Person A schreibt etwas an Person B, und Person B reagiert darauf mit einer Antwort oder einer Handlung. Die Transaktionsanalyse (TA) hilft dabei zu erkennen, von welchem der drei Ich-Zustände die Transaktion ausgeht und welcher der drei Ich-Zustände reagiert.

Zwischen den Ich-Zuständen finden **drei verschiedene Arten von Transaktionen** statt: a) die parallele, b) die gekreuzte und c) die verdeckte:

- In der **parallelen Transaktion (a)** löst eine Äußerung die zu erwartende Reaktion aus: vom Erwachsenen-Ich des einen zum Erwachsenen-Ich des anderen, vom Eltern-Ich des einen zum Kindheits-Ich des anderen oder vom Kindheits-Ich des einen zum Eltern-Ich des anderen.
- In der **gekreuzten Transaktion (b)** reagiert der andere nicht wie erwartet auf meine Äußerung. So reagiert der andere auf meine Erwachsenenbotschaft mit einer Elternbotschaft. Oder der andere reagiert auf meine Elternbotschaft nicht mit einer Kindbotschaft, sondern mit einer Erwachsenenbotschaft.
- In der **verdeckten Transaktion (c)** antwortet der andere nur scheinbar aus einem bestimmten Zustand heraus. Sein tatsächlicher Ich-Zustand ist dahinter versteckt, denn er fühlt und denkt in Wahrheit anders.

Auf den nächsten Seiten folgen Beispiele, die diese drei Arten von Transaktionen veranschaulichen. Nach jedem dieser Beispiele haben Sie die Möglichkeit, sich zu fragen, ob Sie diese Art der Transaktion bereits erlebt haben. Wenn ja, können Sie sich dazu Notizen machen.

a) Beispiele für parallele Transaktionen

Beispiel 1:

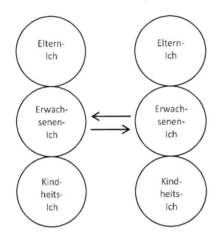

Grafik: Parallele Transaktion 1

Führungskraft: *Ich habe noch keinen Bericht von Ihnen erhalten.*

Mitarbeiter: *Ja, das stimmt. Ich habe noch auf eine Information gewartet, die ich heute bekommen habe. Ich werde Ihnen den Bericht bis heute Mittag schicken.*

Die Führungskraft schreibt hier aus ihrem Erwachsenen-Ich heraus. Der Mitarbeiter reagiert ebenfalls aus seinem Erwachsenen-Ich heraus.

Beispiel 2:

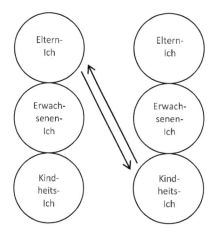

Grafik: Parallele Transaktion 2

Führungskraft: *Sie haben mir den Bericht immer noch nicht geschickt.*

Mitarbeiter: *Ich kann nichts dafür, wenn mir die Schadensabteilung die notwendigen Infos nicht liefert.*

In diesem Fall schreibt die Führungskraft aus ihrem kritischen Eltern-Ich heraus. Der Mitarbeiter antwortet aus seinem Kindheits-Ich heraus.

Reflexion *Parallele Transaktion*

Können Sie sich an eine Situation erinnern, in der Sie eine parallele Transaktion erlebt haben? Wenn ja: Notieren Sie diese Transaktion und beschreiben Sie, wie Sie sich dabei gefühlt haben.

Reflexion: Parallele Transaktion

b) Beispiele für eine gekreuzte Transaktion

Beispiel 1:

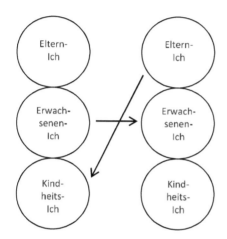

Grafik: Gekreuzte Transaktion 1

Führungskraft: *Ich habe noch keinen Bericht von Ihnen erhalten.*

Mitarbeiter: *Sie sollten wissen, dass ich noch auf Informationen der Schadensabteilung warte!*

Die Führungskraft schreibt hier aus ihrem Erwachsenen-Ich heraus. Der Mitarbeiter antwortet aus seinem kritischen Eltern-Ich heraus.

Beispiel 2:

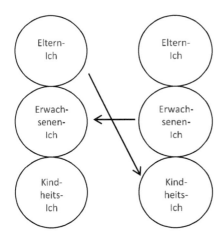

Grafik: Gekreuzte Transaktion 2

Mitarbeiter: *Sie sollten wissen, dass ich noch auf Informationen der Schadensabteilung warte!*

Führungskraft: *Ja, da haben Sie wohl recht. Kann ich etwas tun, damit die nötigen Informationen Sie schneller erreichen?*

Die Führungskraft antwortet aus dem Erwachsenen-Ich heraus auf das aus dem kritischen Eltern-Ich heraus Geschriebene des Mitarbeiters und entschärft damit die Situation.

Reflexion *Gekreuzte Transaktion*

Können Sie sich an eine Situation erinnern, in der Sie eine gekreuzte Transaktion erlebt haben? Wenn ja: Notieren Sie diese Transaktion und beschreiben Sie, wie Sie sich dabei gefühlt haben.

Reflexion: Gekreuzte Transaktion

c) Beispiele für verdeckte Transaktionen

Das Typische bei verdeckten Transaktionen ist, dass die Worte nicht das tatsächlich Gemeinte ausdrücken.

Beispiel 1:

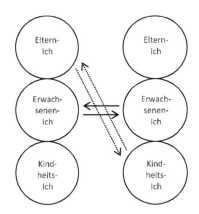

Grafik: Verdeckte Transaktion 1

Führungskraft: *Ihr Bericht hat mich noch nicht erreicht.*

Mitarbeiter: *Ich konnte ihn noch nicht fertigstellen, da ich auf Infos der Schadensabteilung warte.*

Verdeckte Aussagen:

Führungskraft: *Ihr Bericht hat mich noch immer nicht erreicht. Ich bin wirklich genervt davon. Das ist mal wieder typisch für Sie …*

Mitarbeiter: *Was kann ich denn dafür! Ich konnte ihn nur deshalb noch nicht fertigstellen, da ich schon ewig auf Infos der Schadensabteilung warte. Immer werde ich kritisiert!*

Zwar schreibt hier die Führungskraft scheinbar aus dem Erwachsenen-Ich heraus, ist aber innerlich schon sehr ungeduldig und genervt. Sie wertet den Mitarbeiter ab, indem sie ihn in die bekannte Schublade steckt.

Der Mitarbeiter reagiert zwar offenbar ebenfalls aus dem Erwachsenen-Ich heraus. In Wirklichkeit fühlt er sich angegriffen und empfindet Trotz und Abwehr. Diese Konstellation kann im weiteren Verlauf der Korrespondenz dazu führen, dass die Spannungen zunehmen und sich ein Konflikt aufbaut.

Beispiel 2:

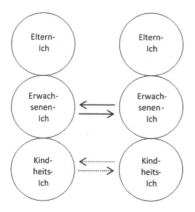

Grafik: Verdeckte Transaktion 2

Führungskraft: *Ihr Bericht hat mich noch nicht erreicht.*

Mitarbeiter: *Ich konnte ihn noch nicht fertigstellen, da ich auf Infos der Schadensabteilung warte.*

Verdeckte Aussagen:

Führungskraft: *Hoffentlich merken Sie nicht, dass bei mir totales Chaos herrscht!*

Mitarbeiter: *Hoffentlich kommt nicht heraus, dass das nicht der wahre Grund ist ... Ich habe Angst, dass ich dieses Mal eine Abmahnung bekomme.*

In diesem Fall schreibt hier die Führungskraft zwar wie aus dem Erwachsenen-Ich heraus. Sie fühlt sich aber überfordert und hat Angst, dass der Mitarbeiter es merkt.

Die Antwort des Mitarbeiters klingt wie aus dem Erwachsenen-Ich heraus geschrieben. Der Mitarbeiter hat jedoch Angst, dass entdeckt wird, dass er aus privaten Gründen damit in Verzug ist. Er befürchtet eine Abmahnung. Beide Seiten versuchen sich zu verstecken und zu schützen. Die unausgesprochenen Ängste untergraben eine authentische und vertrauensvolle Zusammenarbeit.

Reflexion *Verdeckte Transaktion*

Können Sie sich an eine Situation erinnern, in der Sie eine verdeckte Transaktion erlebt haben? Wenn ja: Notieren Sie diese Transaktion und beschreiben Sie, wie Sie sich dabei gefühlt haben.

Reflexion: Verdeckte Transaktion

Sie haben sich jetzt durch viele Informationen und Reflexionen hindurchgearbeitet. Seien Sie stolz auf sich! Zum Ausklang dieses Kapitels über die Transaktionsanalyse erfahren Sie noch mehr darüber, wie Sie diese für sich und Ihre Korrespondenz nutzen können.

7.4 Wie kann ich die TA für wertschätzende Korrespondenz nutzen?

- Machen Sie sich bewusst, in welchem Zustand Sie sich selber befinden.
- Versuchen Sie, Ihrem Korrespondenzpartner aus dem Erwachsenen-Ich heraus zu begegnen.
- Machen Sie sich selbst immer wieder klar: *Ich bin okay!*
- Vermitteln Sie Ihrer Korrespondenzpartnerin, Ihrem Korrespondenzpartner: *Sie sind / Du bist okay!*

Ein kurzes Fallbeispiel am Schluss soll dies veranschaulichen:

Fallbeispiel Irene Maier: TA für die Korrespondenz nutzen

Irene Maier arbeitet im Kundenservice einer Versicherung. Die erste E-Mail, die sie heute beantworten muss, ist eine Beschwerde. Der Kunde benutzt einige beleidigende, abwertende Ausdrücke und droht mit Kündigung des Vertrages. Frau Maier spürt beim Lesen, wie sie in einen sehr emotionalen Zustand gerät. Sie ist versucht, dem Kunden eine saftige Antwort zu schreiben. Dann denkt sie an die TA und macht sich klar:

- Der Kunde hat aus seinem kritischen Eltern-Ich heraus geschrieben.
- Dadurch bin ich in mein Kindheits-Ich geraten.
- Ich bin okay!
- Mein Kunde ist auch okay – vielleicht geht es ihm gerade schlecht, vielleicht ist er wütend.

- Ich entscheide mich dafür, ihm aus meinem Erwachsenen-Ich heraus zu schreiben.
- In meiner Antwort an den Kunden bringe ich zum Ausdruck, dass ich verstehe, dass er unzufrieden ist. Ich schreibe ihm verständlich, sachlich und freundlich.

Mit der Transaktionsanalyse haben Sie ein weiteres Instrument kennengelernt, mit dessen Hilfe Sie Kommunikation verstehen und Ihre Korrespondenz wertschätzender gestalten können. In dem jetzt folgenden Hauptkapitel erfahren Sie schließlich, wie Sie das weit verbreitete Konzept der gewaltfreien Kommunikation auf Ihre Korrespondenz anwenden können.

8 Wertschätzend schreiben – auf Grundlage der gewaltfreien Kommunikation

Die gewaltfreie Kommunikation nach Marshall B. Rosenberg ist für mich ein sehr wertvoller Beitrag für das Thema *Wertschätzung*. Sie hilft grundlegend dabei, einem Gegenüber mit Respekt, Achtung und Empathie zu begegnen. Sie lässt sich in der mündlichen Kommunikation sehr gut anwenden und führt zu wesentlich friedlicheren Gesprächen und Beziehungen. Mein Ziel ist es, sie auf die schriftliche Kommunikation zu übertragen und dadurch ihren großen Nutzen auch für die Korrespondenz zu erschließen.

Wie kommuniziere ich gewaltfrei? Indem ich …

1. beobachte statt bewerte und interpretiere,
2. meine Gefühle wahrnehme und ausdrücke, ohne den anderen zu beschuldigen oder zu kritisieren,
3. meine Bedürfnisse erkenne und mitteile sowie
4. meine Bitten klar formuliere, ohne den anderen zu manipulieren oder unter Druck zu setzen.

Die gewaltfreie Kommunikation ist jedoch mehr als eine Methode, sie ist eine innere Haltung. Sie ist getragen von Achtsamkeit, Empathie, Wertschätzung, Selbstverantwortung und Authentizität. Sie geht davon aus, dass Menschen jederzeit versuchen, ihre grundlegenden Bedürfnisse zu erfüllen. Jeder Mensch gibt zu jedem Zeitpunkt sein Bestmögliches. Nichts ist richtig oder falsch, niemand ist schuld. Ich blicke wohlwollend auf mich selbst und auf andere.

Was bewirkt die gewaltfreie Kommunikation? Was gewinne ich, wenn ich sie übe und anwende? Ich kann zunehmend …

- mich mit mir selbst und den anderen verbinden,
- empathisch und selbstempathisch sein,
- mich und andere wohlwollend betrachten und behandeln,
- mich und andere wertschätzen,

- Kritik, Vorwürfe und Forderungen nicht persönlich nehmen,
- verstehen wollen, was dahintersteht,
- achtsam und bewusst im Hier und Jetzt sein,
- mehr Wahl haben beim Reagieren,
- konstruktiver reagieren,
- Verantwortung dafür übernehmen, wie sich meine Kommunikation mit jemandem entwickelt,
- Konflikten vorbeugen und
- Konflikte lösen.

Ich selber habe überaus positive Erfahrungen mit der gewaltfreien Kommunikation gemacht. Sie begleitet mich sowohl in meinem Berufs- als auch in meinem Privatleben. Sie ist eine der Grundlagen für mein Konzept von Korrespondenz geworden.

Die Grundlage des Konzepts der gewaltfreien Kommunikation sind die vier Schritte *Beobachtung, Gefühl, Bedürfnis* und *Handlung*. In den folgenden Unterkapiteln werde ich sie erklären und für eine wertschätzende Korrespondenz aufbereiten. An dieser Stelle sehen Sie die vier Schritte erst einmal über eine Grafik veranschaulicht:

Grafik: Die vier Schritte der gewaltfreien Kommunikation

Die linke Figur steht für mich selbst, die rechte für meinen Korrespondenzpartner. Ich kann anhand der vier Schritte klären, was ich selber wahrnehme, fühle, brauche und um was ich bitten will. Darüber hinaus kann ich mich auch in meinen Korrespondenzparter hineinversetzen. Was nimmt er wahr? Wie fühlt er sich? Was sind seine Bedürfnisse? Worum bittet er mich, was fordert er?

Damit Sie eine erste Vorstellung davon bekommen, wie sich diese Schritte im Alltag auf die Korrespondenz übertragen lassen, veranschauliche ich sie mit einem „idealen" Schriftwechsel. Hier hat der Kunde einen „vorbildlichen" Beschwerdebrief geschrieben:

Beispiel: „Ideale" Beschwerde eines Kunden

Dem Reiseunternehmen würde es nicht sehr schwerfallen, darauf eine ebenso wertschätzende Antwort zu formulieren:

1. Beobachtung
Das Hotel war noch nicht eröffnet bei Ihrer Ankunft, und Sie wurden in einem Hotel im Landesinneren untergebracht.

2. Gefühl
Ich kann gut nachempfinden, dass Sie sehr enttäuscht und ärgerlich sind.

Reisebüro:

3. Bedürfnis
Ihnen war es außerordentlich wichtig, dass das Hotel direkt am Meer liegt, damit Sie sich optimal erholen können.

4. Bitte/Handlung
[Erklärung + Bitte um Entschuldigung]
Um Sie für diese unangenehme Situation zu entschädigen, überweisen wir Ihnen 350 Euro zurück.

Beispiel: „Ideale" Antwort auf die Beschwerde eines Kunden

Das ist etwas anderes als eine Standardantwort. Der Kunde kann sich verstanden und ernst genommen fühlen. Es ist wahrscheinlich idealistisch, dass das Reiseunternehmen mehr erstattet als vom Kunden erbeten. Die positive Wirkung können Sie sich jedoch wahrscheinlich gut vorstellen: Für das Reiseunternehmen sind 50 Euro nicht viel Geld. Es erreicht damit, dass der Kunde mehr als zufrieden ist. Und das wird er weitererzählen. Die Chancen, dass er wieder bucht, stehen sehr gut.

In den folgenden Unterkapiteln lernen Sie die vier Schritte wertschätzender Korrespondenz genauer kennen:

8.1 Erster Schritt: Beobachtung

Im ersten Schritt der wertschätzenden Korrespondenz geht es darum, zu notieren, was sich beobachten oder wahrnehmen lässt. Es kann zunächst ungewohnt und schwierig sein, dabei nicht zu bewerten oder zu interpretieren. Die folgenden Beispiele zeigen den Unterschied:

Beobachtungen gemischt mit Bewertungen	Beobachtungen ohne Bewertungen
Herr Schulze kommt immer zu spät.	In den letzten drei Terminen kam Herr Schulze 15 Minuten nach dem vereinbarten Zeitpunkt.
Frau Schmidt schiebt die Dinge vor sich her.	Ich habe den Bericht vier Wochen nach dem Termin erhalten.
Sie haben das Programmangebot falsch verstanden.	Das Programmangebot beinhaltet folgende Leistungen: ... ... ist darin nicht enthalten.
Ihr Bericht entspricht nicht der Wahrheit.	Herr ... hat ausgesagt, dass ...
Ihre Präsentation war super.	Mit hat gefallen, dass Sie bei Ihrer Präsentation unsere Produkte gezeigt haben.
Sie sind schlecht informiert.	In unserem Schreiben vom ... haben wir Sie über ... informiert. Diesen Punkt finden Sie auch in Ihrem Vertrag unter § XYZ.

Tabelle: Beobachtungen mit und ohne Bewertungen

Warum ist das ein so deutlicher Unterschied? Wie geht es der Leserin, dem Leser mit den Aussagen der linken Spalte? Und wie mit denen der rechten?

Das Problem an Formulierungen der linken Spalte: Menschen reagieren reflexartig mit Verteidigung oder Gegenangriff, wenn sie sich angegriffen fühlen. Es ist schwer (aber durchaus möglich), auf einen Vorwurf nicht mit einer Rechtfertigung zu reagieren.

Wertschätzen statt loben

Nach Marshall ist auch ein Lob keine günstige Kommunikation auf gleicher Augenhöhe. Wenn ich jemanden lobe, bewerte ich ihn, statt ihn und seine Leistung wertzuschätzen. Sobald ich beschreibe, was ich wahrgenommen habe und wie es mir damit geht, drücke ich Respekt und Freude aus.

Schreiben Sie einem Menschen nicht, was oder wer er ist (*„Sie sind toll, klug, mutig, ..."*). Versuchen Sie es lieber so:

1. Schreiben Sie konkret, was er getan hat (*„Sie haben das Abstimmen des nächsten Termins übernommen"*).

2. Erklären Sie, warum das den Prozess erleichtert oder bereichert hat (*„So konnte ich mich auf das Schreiben des Berichts konzentrieren"*).

3. Benennen Sie kurz, wie sich das für Sie anfühlt (*„Ich bin sehr froh darüber, da ich den Text so rechtzeitig abgeben konnte"*).

4. Bedanken Sie sich, wenn es passt (*„Vielen Dank!"*) und/oder schreiben Sie, wie Sie sich dafür erkenntlich zeigen werden (*„Ich übernehme dafür gern das nächste Protokoll"*).

Übung *Wertschätzen statt loben*

Überlegen Sie, wem Sie eine wertschätzende E-Mail schreiben könnten. Wer hat in den letzten Tagen, Wochen, Monaten Dinge getan, die Ihnen gefallen haben, für die Sie dankbar sind? Formulieren Sie jetzt eine E-Mail an diesen Menschen. Orientieren Sie sich an den gerade beschriebenen vier Schritten. Vielleicht möchten Sie danach die Mail tatsächlich abschicken oder diesem Menschen diese Art von Wertschätzung persönlich sagen.

Meine E-Mail:

Übung: Wertschätzen statt loben

Zum Abschluss des ersten Schrittes gibt es noch eine Übung für Sie, in der Sie schreiben können, was Sie beobachten – ohne zu bewerten:

Übung *Beobachten, ohne zu bewerten*

Versuchen Sie mit der folgenden Übung, die Beobachtung so umzuformulieren, dass sie nicht mit Bewertungen vermischt wird.

Beobachtungen gemischt mit Bewertungen	Beobachtungen ohne Bewertungen
Ihr Artikel kommt immer zu spät.	
Ihr Bericht fehlt. Offenbar fehlt Ihnen das Interesse an der Projektarbeit.	
Ihr Protokoll ist schlampig verfasst.	
Frau Mayer hat meine Moderation kritisiert.	
Das Problem X haben Sie sehr gut gelöst.	
Sie schicken mir ständig die falschen Texte.	
Ihre Antwort ist unverschämt.	

Übung: Beobachten statt bewerten

Lösungsvorschläge finden Sie im Anhang auf Seite 207. Wenn Sie Fragen dazu haben, können Sie sich gern unter anke.froechling@schreibcoaching.de bei mir melden.

8.2 Zweiter Schritt: Gefühle erkennen und benennen

Im zweiten Schritt der wertschätzenden Korrespondenz geht es darum, kurz zu prüfen, wie ich mich fühle und darum, mich in mein Gegenüber einzufühlen. Warum das so wichtig ist?

- Alle Menschen haben Gefühle.
- Diese beeinflussen im hohen Maße, wie wir etwas wahrnehmen, bewerten und wie wir reagieren.
- Wenn wir Gefühle nicht spüren oder wenn wir sie unterdrücken, schneiden wir uns vom Leben ab.
- Aus diesen unterdrückten Gefühlen werden schlummernde Ladungen, die irgendwann unkontrolliert ausbrechen können – oder die krank machen können.
- Gefühle wahrzunehmen und auszudrücken verbindet uns mit anderen Menschen, lässt uns klar sehen und handeln.
- Jeder Mensch möchte gehört und verstanden werden.
- Gefühle sind wichtige Signale dafür, ob Bedürfnisse erfüllt werden oder nicht.
- Wer seine eigenen Gefühle spürt, kann sich in seinen Korrespondenzpartner hineinversetzen.

Wir haben als Kind von unseren Bezugspersonen gelernt, wie wir mit unseren Gefühlen umgehen. Häufig haben wir erfahren, dass es erwünschte und unerwünschte Gefühle gibt: die angenehmen wie Freude, Begeisterung, Glück und die unangenehmen wie Ärger, Wut, Traurigkeit, Eifersucht.

Die unangenehmen Gefühle zum Ausdruck zu bringen war vielleicht scheinbar nicht in Ordnung. Wir wurden dafür abgelehnt, bestraft, ausgelacht, nicht ernst genommen ... Uns wurde gesagt: *„Ein Indianer kennt keinen Schmerz!"*, *„Geh in dein Zimmer!"*, *„Hahaha, du bist eifersüchtig!!!"*, *„Ach, das wird schon wieder"*, *„Das ist doch nicht so schlimm!"* ... Deshalb haben wir diese Gefühle in den Keller verbannt, das heißt verdrängt.

Vielleicht haben wir aber auch gelernt, gesund mit unseren Gefühlen umzugehen: dass sie in Ordnung sind, dass sie sich verändern, dass ich mich entspanne und frei fühle, wenn ich sie zulasse und wenn ich mit ihnen angenommen werde.

Das Eisbergmodell

Da die Gefühlsebene in der Korrespondenz eine unterschätzte Rolle spielt, möchte ich an dieser Stelle noch ein bisschen mehr in die Tiefe gehen. Das Eisbergmodell veranschaulicht – finde ich – sehr gut, welche große Rolle die nicht bewusst wahrgenommenen und ausgedrückten Gefühle in der Kommunikation spielen.

Es hilft dabei, zu untersuchen, wie ein Konflikt entsteht und was man berücksichtigen muss, um ihn zu lösen. Dadurch ist das Modell auch sehr interessant, wenn es um wertschätzende Korrespondenz geht.

Mit der Metapher des Eisbergs hat ursprünglich Ernest Hemingway seinen literarischen Stil veranschaulicht. Seiner Meinung nach müsse ein Autor nicht sämtliche Details über seine Hauptfigur preisgeben. Es würde reichen, wenn die Spitze des Eisbergs, circa ein Achtel, zu erkennen sei.

Diese Metapher wurde später auf Sigmund Freuds Strukturmodell der Psyche übertragen, nach dem menschliches Handeln nur zu einem kleinen Anteil bewusst bestimmt wird. Hierbei entscheidet das *Ich*, welche Teile der unbewussten Persönlichkeitsbereiche (*Es* und *Über-Ich*) verwirklicht werden. Wie bei einem Eisberg nimmt das bewusste *Ich* also nur die Spitze des Eisbergs über der Wasseroberfläche ein. Die unbewussten Bereiche *Es* und *Über-Ich* machen den größeren, unter der Wasseroberfläche verborgenen Anteil aus.

Den Begriff *Eisbergmodell* verwendeten als erste deutschsprachige Autoren Ruch/Zimbardo (1974). Die folgende eigene Grafik lehnt sich an ihr Modell an:

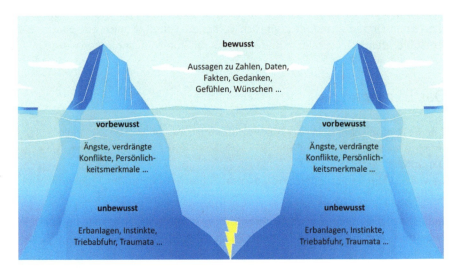

Grafik: Eisbergmodell

Sie sehen zwei Eisberge: Der eine steht für das *Ich*, der andere für das *Du*, den Kommunikations- beziehungsweise Korrespondenzpartner. Oberhalb der Wasserfläche sind die bewussten Anteile der Persönlichkeiten. Das sind beispielsweise Zahlen, Daten, Fakten, wahrgenommene und ausgesprochene/geschriebene Gefühle oder Wünsche. Also all das, was offen auf dem Tisch liegt und greifbar ist, wenn zwei Menschen miteinander reden oder korrespondieren. Diese Anteile machen nur etwa 20 Prozent der zwischenmenschlichen Kommunikation und des inneren Dialogs aus.

Der weitaus größere Anteil der Handlungsmotive, etwa 80 Prozent, liegt unter der Wasseroberfläche. Diese vorbewussten oder unbewussten Bereiche können ohne Reflexion und Analyse weder der Mensch selber, noch seine Kommunikationspartner wahrnehmen.

Vorbewusst sind zum Beispiel Ängste, verdrängte Gefühle und Konflikte oder Persönlichkeitsmerkmale wie Vorsicht, Unsicherheit, Abenteuerlust, Optimismus, Herzlichkeit, Verschlossenheit, Verlässlichkeit ... Über Nachdenken, Besprechen, Hineinspüren lassen sich diese vorbewussten Bereiche über die Wasseroberfläche bringen.

Unbewusst sind tiefe Bereiche der Persönlichkeit, zu denen wir im Alltag keinen Zugang haben und die wir nicht oder nur sehr schwer beeinflussen können: Zum

Beispiel Hochsensibilität, frühkindliche traumatische Erfahrungen, reflexartige Reaktionen, psychosexuelle Entwicklung, unbewusste Motive der Partnerwahl, Triebabfuhr oder Hemmungen.

Oberhalb des Wasserspiegels sieht es nun so aus, als hätten die beiden Eisberge/Persönlichkeiten einen angemessenen Abstand, aus dem heraus sie sich begegnen. Doch unterhalb des Wasserspiegels rumpeln sie leicht zusammen – und zwar durch all die verborgenen Anteile, die ihr Verhalten, ihre Gefühle, ihre Bedürfnisse und ihre Wünsche stark beeinflussen.

Ihr Kommunikationspartner empfindet zum Beispiel aufgrund von Gewalterfahrungen das Gefühl von Ohnmacht und Schmerz sehr stark und reagiert heftig auf Alltagssituationen, die dieses Gefühl auslösen. Sie haben es dann mit einem emotional sehr aufgeladenen Korrespondenzpartner zu tun, der aufgebracht, beleidigend, aggressiv und drohend schreibt. Sie hingegen sind vielleicht ein hochsensibler Mensch, der sehr empfindlich reagiert, dem alles schnell unter die Haut geht, der sehr verletzlich und harmoniebedürftig ist. Vielleicht können Sie sich vorstellen, dass hier viel Konfliktpotenzial liegt.

Nutzen des Eisbergmodells für die wertschätzende Korrespondenz

Das Modell hilft mir zu verstehen, wie leicht ich tief unter der Oberfläche mit jemandem zusammenstoßen kann. Es sensibilisiert mich dafür, sowohl bei mir selber als auch bei meinem Leser diesen großen nicht bewussten Bereich zu berücksichtigen.

Den Leser zu analysieren wäre vermessen, aber ich kann damit ein grundsätzliches Verständnis für seine verborgenen Bereiche entwickeln und seine Äußerungen, Formulierungen nicht persönlich nehmen. Das lässt mich gelassener, friedlicher und sachlicher antworten.

Aktiv anwenden kann ich das Modell bis zu einem gewissen Grad auf mich selbst. Je tiefer ich mein Fühlen und meine Handlungsimpulse begreifen will, desto mehr bin ich auf die Hilfe von außen angewiesen – zum Beispiel aus Büchern, Seminaren, Coaching und vor allem Psychotherapie. Aber auch vertrauensvolle Gespräche mit Familie und Freunden können mich dabei schon ein Stück weit unterstützen.

Checkliste *Zugang zur vorbewussten Ebene*

Der Zugang zur vorbewussten Ebene ist zwar schwierig und mit Hilfe eines Buchs allein kaum möglich. Doch die folgende Checkliste kann Ihnen dabei helfen, über die bewusste hinaus auch über die vorbewusste Ebene nachzudenken.

Als Sender, Senderin kann ich mich fragen:	Meine Notizen:
▶ Was sind die Fakten, Daten, Ziele auf meiner Seite?	
▶ Was denke ich, welche Gefühle nehme ich wahr, was wünsche ich mir?	
▶ Habe ich eine Idee, welche Ängste sich dahinter verbergen?	
▶ Was für eine Persönlichkeit bin ich? Was brauche ich, um zufrieden zu sein?	
▶ Was könnte der ursprüngliche Konflikt sein, der dahintersteckt, zum Beispiel eine tiefe Erfahrung oder ein Konflikt in der Kindheit?	

Checkliste: Zugang zur vorbewussten Ebene finden

Damit Sie sich vorstellen können, wie sich das Eisbergmodell für Ihre Korrespondenz nutzen lassen kann, folgt ein Fallbeispiel:

Fallbeispiel *Sebastian Scholz*: Das Eisbergmodell für die Korrespondenz nutzen

Sebastian Scholz ist Klassenlehrer an einem Gymnasium. Aufgrund der Corona-Regelungen fand drei Monate kein Präsenzunterricht statt. Ab Montag soll wieder in der Schule gelernt werden. Er hat gerade eine sehr emotionale E-Mail von einer Mutter erhalten, die nicht möchte, dass ihre Tochter Marla mit einer medizinischen Maske am Unterricht teilnimmt. Herr Schulz merkt, dass er beim Lesen der E-Mail sehr aufgebracht wird. Er würde der Mutter am liebsten eine Antwort schreiben, in der er die abwertenden und verurteilenden Wörter *Corona-Leugner*, *Querdenker* und *unsolidarisch* benutzen würde. Doch er weiß, dass das nicht klug wäre.

Die Antworten auf die Fragen der Checkliste könnten in diesem Fall so aussehen:

Als Sender, Senderin kann ich mich fragen:	Meine Notizen:
▶ Was sind die Fakten, Daten, Ziele auf meiner Seite?	staatliche Corona-Regelungen, die umgesetzt werden müssen
	durch medizinische Masken keine Gefahr zu ersticken, OP-Masken sind auch erlaubt und sinnvoll
▶ Was denke ich, welche Gefühle nehme ich wahr, was wünsche ich mir?	Ziel: Pandemie eindämmen, Ansteckung verhindern, Gesundheit und Leben von Schülern, Angehörigen und Lehrern schützen
	Ich merke, wie ich diese Mutter in die abwertende Schublade *Querdenkerin* stecke. Ich denke, dass sie Corona leugnet und sich unverantwortlich und unsolidarisch verhält. Das macht mich wütend.
	Ich wünsche mir, dass sich alle an die Regeln halten, damit keine weitere Corona-Welle kommt.

▶ Habe ich eine Idee, welche Ängste sich dahinter verbergen?	Ich habe Angst davor, angesteckt zu werden und wiederum andere anzustecken. Ich befürchte, dass unsere Demokratie in Gefahr ist und die Kluft innerhalb der Gesellschaft immer tiefer wird.
▶ Was für eine Persönlichkeit bin ich? Was brauche ich, um zufrieden zu sein?	Ich bin jemand, der unserer Demokratie grundsätzlich vertraut. Zufrieden bin ich, wenn sich gemeinsam gute Lösungen finden lassen für drängende Probleme. Und wenn es friedlich und harmonisch zugeht.
▶ Was könnte der eigentliche, ursprüngliche Konflikt sein, der dahintersteckt, zum Beispiel eine tiefe Erfahrung oder ein Konflikt in der Kindheit?	In unserer Familie gab es heftige Diskussionen und Auseinandersetzungen über politische Themen. Meine Eltern waren sehr unterschiedlicher Meinung und haben sich letztlich getrennt, als ich 12 Jahre alt war. Das war alles ziemlich schrecklich für mich. Bei Meinungsverschiedenheiten bekomme ich noch heute dieses mulmige, aufgebrachte Gefühl.

Fallbeispiel: Checkliste zur vorbewussten Ebene – Selbstreflexion von Sebastian Scholz

In Bezug auf ein schwieriges Kundenschreiben können Sie so vorgehen, um Ihren eigenen Eisberg zu beleuchten und zu entschärfen:

▶ Stellen Sie sich die Fragen der Checkliste oben.
▶ Spüren Sie bewusst nach, wie es Ihnen gerade wirklich geht, was gerade mit Ihnen los ist.
▶ Entspannen Sie sich: Nehmen Sie besonders Ihre Schulter, Ihren Nacken und Ihren Kiefer wahr und lassen Sie die Muskeln locker. Lächeln Sie.
▶ Machen Sie fünf Minuten freies Schreiben (meine Anleitung dazu finden Sie im Anhang auf Seite 211).

Versuchen Sie im nächsten Schritt, auch Ihren Korrespondenzpartner auf der Sach- und der Beziehungsebene zu verstehen. Hierfür können Sie die folgende Checkliste nutzen:

In Bezug auf meinen Korrespondenzpartner kann ich mich fragen:	Meine Notizen:
▶ Was sind die Fakten, Daten, Ziele auf seiner Seite?	
▶ Was äußert er für Gefühle, Bedürfnisse und Wünsche?	
▶ Habe ich eine Idee, welche Motive sich dahinter verbergen könnten?	
▶ Was für eine Persönlichkeit ist er offenbar? Was braucht er, um zufrieden zu sein?	
▶ Was könnte der eigentliche, ursprüngliche Konflikt sein, der dahintersteckt?	

Checkliste zur vorbewussten Ebene – den Korrespondenzpartner (KP) besser verstehen

Gehen wir wieder zurück zu unserem Fallbeispiel und schauen uns die andere Seite an: die Mutter, die nicht möchte, dass ihre Tochter im Unterricht eine medizinische Maske trägt.

In Bezug auf seine Korrespondenzpartnerin kann sich Herr Scholz fragen:	Seine Notizen:
▸ Was sind die Fakten, Daten, Ziele auf ihrer Seite?	Frau Lehmann ist alleinerziehend und Marla ist ihr einziges Kind. Sie möchte verhindern, dass Marla den ganzen Schultag lang eine medizinische Maske tragen muss.
▸ Was äußert sie für Gefühle, Bedürfnisse und Wünsche?	Sie möchte diese Frage selber entscheiden dürfen.
▸ Habe ich eine Idee, welche Motive sich dahinter verbergen könnten?	Sie hat Angst davor, dass ihre Tochter gesundheitliche Probleme durch das Tragen der Maske bekommt.
▸ Was für eine Persönlichkeit ist sie offenbar? Was braucht sie, um zufrieden zu sein?	Sie ist offenbar ein Mensch, der emotional, freiheitsliebend und kämpferisch ist. Gleichzeitig braucht sie die Sicherheit, dass ihrer Tochter nichts passiert.
▸ Was könnte der eigentliche, ursprüngliche Konflikt sein, der dahintersteckt?	Sie hat Angst um ihre einzige Tochter. Da sie alleinstehend ist, ist diese vielleicht der wichtigste Mensch in ihrem Leben. Vielleicht hatte sie auch Eltern, die sie sehr streng erzogen haben und sie sehr eingeschränkt haben. Oder ihr Exmann war sehr bestimmend.

Fallbeispiel: Checkliste zur vorbewussten Ebene – den KP besser verstehen

Die E-Mail, die Herr Scholz an Frau Lehmann sendet, lautet schließlich so:

Sehr geehrte Frau Lehmann,

vielen Dank für Ihre E-Mail. Sie möchten nicht, dass Ihre Tochter Marla im Unterricht eine medizinische Maske trägt.

Ich verstehe, dass Sie sich Sorgen um Marlas Gesundheit machen. Aktuelle Studien zeigen, dass es nur in seltenen Fällen zu gesundheitlichen Problemen kommt. Der Grund dafür ist fast immer eine schwere Vorerkrankung des Kindes.

Das Tragen einer Maske ist den meisten Schülern unangenehm. Auch mein Sohn Lukas klagt darüber, dass er schlechter Luft bekommt, seine Brille beschlägt und ihn die Maske nervt.

Ebenfalls kann ich nachvollziehen, dass Sie gern selber über Fragen entscheiden möchten, die sich so direkt auf Ihr Kind auswirken.

Diese Regelung ist uns jedoch vom Ministerium vorgegeben und für alle Kinder ab Klasse 5 verbindlich.

Bitte bedenken Sie, dass eine medizinische Maske Ihre Tochter vor einer Ansteckung schützt. Die neuen Corona-Mutationen sind auch für Kinder gefährlich und verbreiten sich rasant. Sollte Marla sich anstecken, ist das außerdem nicht nur für sie selber und Sie riskant. Das Tragen einer geeigneten Maske schützt auch Mitschüler, Lehrer und alle Angehörigen und Freundeskreise.

Marla darf selbstverständlich statt mit einer FFP2-Maske mit einer OP-Maske am Unterricht teilnehmen.

Wenn Sie Fragen zu den verschiedenen Maskenarten haben, finden Sie unter www.bfarm.de Informationen vom Bundesministerium für Arzneimittel und Medizinprodukte.

Lassen Sie uns in dieser für alle schwierigen Situation mit vereinten Kräften auf ein Ende der Pandemie hinarbeiten.

Wenn Sie ein Gespräch mit der Schulleitung wünschen, ist Frau Dr. Hoffmann gern dazu bereit.

Freundliche Grüße

Armin Scholz

Beispiel: E-Mail eines Lehrers an eine Mutter

Ein ideales Ziel wäre es also, eine vertrauensvolle Atmosphäre zu schaffen, indem Sie Verständnis für die Situation Ihres Korrespondenzpartners zeigen. Wenn Sie sich mit Hilfe der beiden Checklisten Gedanken über Ihren Eisberg und den Ihres Korrespondenzpartners machen, kann dies leichter gelingen.

Und: Scheuen Sie sich nicht davor, sich bei einem schweren oder wiederkehrenden Konflikt Hilfe zu holen – zum Beispiel bei Ihrer Führungskraft, bei einem Coach, einem Supervisor, einem Therapeuten.

Welche Funktion haben Gefühle?

Aus der Sicht der gewaltfreien Kommunikation zeigen Gefühle, ob ein Bedürfnis erfüllt ist oder nicht. Zum Beispiel kann Ärger entstehen, wenn mein Bedürfnis nach Unterstützung nicht erfüllt wurde.

Um Bedürfnisse wird es im nächsten Unterkapitel gehen. Hier geht es jetzt noch darum, mögliche Gefühle genauer wahrnehmen, verstehen und ausdrücken zu können.

Fast jeder kennt die Grundgefühle. Meistens werden die folgenden genannt:

- Ärger/Wut
- Angst
- Traurigkeit
- Freude
- Scham

Es gibt jedoch unzählige Gefühlsschattierungen. Wir haben in unserer Sprache sehr viele Worte, mit denen wir diese Zwischentöne benennen können.

Im Zusammenhang mit unserem Thema spannend: Die wertschätzende Kommunikation unterscheidet zwischen dem, was wir fühlen, wenn unsere Bedürfnisse erfüllt sind und dem, was wir fühlen, wenn diese nicht erfüllt sind. Die folgenden Listen von Beate Brüggemeier (2017, S. 34 f.) sollen dies veranschaulichen. Die Autorin unterteilt Gefühle in vier Kategorien, wenn Bedürfnisse erfüllt sind. Unter jedem dieser vier „positiven" Gefühle finden Sie jeweils verschiedene Gefühlsschattierungen.

Zweiter Schritt: Gefühle erkennen und benennen

Gefühle, wenn Bedürfnisse erfüllt sind

zufrieden	sicher
ausgeglichen	entspannt
dankbar	erleichtert
entspannt	gelassen
erleichtert	ruhig
erfüllt	selbstbewusst
gelassen	sorglos
locker	vertrauensvoll
ruhig	zuversichtlich

aktiv	froh
angeregt	angeregt
engagiert	begeistert
erwartungsvoll	bewegt
gespannt	erfreut
inspiriert	erfüllt
interessiert	erstaunt
kreativ	fasziniert
motiviert	freudig
mutig	fröhlich
neugierig	glücklich
optimistisch	gut gelaunt
zuversichtlich	kraftvoll

Abbildung: Vier Gefühlsgruppen bei erfüllten Bedürfnissen

Diese Wortschätze sind als Anregung zu verstehen und bei Bedarf zu verändern oder zu ergänzen. Für die wertschätzende Korrespondenz sind sie ein feines Werkzeug, das mir dabei hilft, ...

- Gefühle genauer zu erkennen und benennen,
- dadurch Klarheit darüber zu gewinnen, was ich selber brauche, um mich gut zu fühlen,
- mich noch besser in meinen Korrespondenzpartner hineinversetzen zu können,
- um schließlich herauszufinden, was er oder sie braucht, um sich gut zu fühlen.

Reflexion *Vier Gefühlskategorien (erfüllte Bedürfnisse)*

Erinnern Sie sich an eine Situation, in der Sie sich gut gefühlt haben? Versuchen Sie, dieses Gefühl einer der vier Kategorien zuzuordnen. Können Sie es genauer benennen mit Hilfe der dazugehörigen Liste?

Reflexion: Gefühle, wenn meine Bedürfnisse erfüllt waren

Gefühle, wenn Bedürfnisse nicht erfüllt sind

Sind Bedürfnisse nicht erfüllt, schlägt Brüggemeier die folgenden fünf Gefühlsgruppen mit den jeweiligen Schattierungen vor:

ärgerlich	aggressiv, empört, frustriert, geladen, genervt, gereizt, irritiert, sauer, unzufrieden, wütend, zornig
erschöpft	ausgebrannt, deprimiert, gelähmt, lustlos, müde, niedergeschlagen
unter Druck	alarmiert, angespannt, aufgeregt, nervös, überlastet, ungeduldig, unzufrieden
besorgt	ängstlich, angespannt, bedrückt, beunruhigt, gehemmt, gelähmt, in Panik, orientierungslos, ruhelos, traurig, verzweifelt, zurückhaltend
ratlos	blockiert, gelähmt, hilflos, hin- und hergerissen, sprachlos, verwirrt, zögerlich

Abbildung: Fünf Gefühlsgruppen bei nicht erfüllten Bedürfnissen

Reflexion *Vier Gefühlskategorien (Bedürfnisse nicht erfüllt)*

Nehmen Sie sich ein paar Minuten Zeit, um sich an eine Situation zu erinnern, in der Sie sich emotional schlecht gefühlt haben. Können Sie Ihre Emotionen mit Hilfe dieser fünf Kategorien einordnen und die Gefühle genauer benennen?

Wie haben diese Emotionen Ihre Kommunikation mit den folgenden Menschen beeinflusst?

- Familie
- Freunden
- Arbeitskollegen
- Kunden
- ...

Reflexion: Gefühle, wenn meine Bedürfnisse nicht erfüllt waren

Die folgende Tabelle eignet sich, um in jeder Situation zu klären: Wie fühle ich mich selber und was für Gefühle drückt mein Korrespondenzpartner aus? Am Anfang dauert es vielleicht etwas länger, da es geübt werden muss. Nach einer Weile wird es schnell gehen.

Tabelle *Gefühle erkennen* (alphabetisch geordnet)

Gefühl	ich	Partner	Gefühl	ich	Partner
aktiv			aggressiv		
angeregt			angespannt		
ausgeglichen			ängstlich		
begeistert			alarmiert		
berührt			ärgerlich		
bewegt			aufgeregt		
dankbar			ausgebrannt		
engagiert			bedrückt		
entspannt			betroffen		
erleichtert			beunruhigt		
erfreut			blockiert		
erfüllt			deprimiert		
ergriffen			Ekel		
erstaunt			empört		
erwartungsvoll			erschöpft		
fasziniert			frustriert		
freudig			gehemmt		
froh			geladen		
fröhlich			gelähmt		
gelassen			genervt		
gespannt			gereizt		
glücklich			hin- und hergerissen		
gut gelaunt			hoffnungslos		
inspiriert			in Panik		
interessiert			irritiert		
kraftvoll			lustlos		

kreativ			müde		
locker			nervös		
motiviert			niedergeschlagen		
mutig			orientierungslos		
neugierig			ruhelos		
optimistisch			sauer		
ruhig			sprachlos		
selbstbewusst			traurig		
sicher			überlastet		
sorglos			ungeduldig		
vertrauensvoll			unruhig		
zufrieden			unzufrieden		
zuversichtlich			verwirrt		
			verzweifelt		
			wütend		
			zögerlich		
			zornig		
			zurückhaltend		

Tabelle: Gefühle erkennen

Noch etwas Wichtiges, bevor es zum Thema *Bedürfnisse erkennen* geht: Achten Sie darauf, dass Sie tatsächlich Ihre Gefühle benennen. Ein *„Ich fühle mich übergangen"* oder *„Ich fühle mich ignoriert"* oder *„Ich fühle mich missverstanden"* sind Pseudogefühle. Aussagen wie diese sind gemischt mit Bewertungen, Interpretationen oder Schuldzuweisungen. Dies zu vertiefen führt in diesem Buch zu weit. Wenn Sie sich hierfür näher interessieren, empfehle ich Ihnen die Kapitel 6.3.2 bis 6.3.6 in *Wertschätzende Kommunikation im Business* von Beate Brüggemeier (2017).

8.3 Dritter Schritt: Bedürfnisse erkennen

Was ist ein Bedürfnis?

Es gibt unterschiedliche Definitionen des Begriffs *Bedürfnis*. In diesem Buch orientiere ich mich an der Definition durch Marshall B. Rosenberg, den Vater der gewaltfreien Kommunikation (GfK). Die GfK wird uns dabei helfen, eine innere Haltung für wertschätzende Korrespondenz zu entwickeln.

Nach Rosenberg ist ein Bedürfnis etwas Grundlegendes. Es ist ein Verlangen, einen empfundenen Mangel zu befriedigen beziehungsweise einen tatsächlichen Mangel zu beheben.

Alle Menschen haben Bedürfnisse. Diese sind unabhängig von Zeiten (Epochen), Orten (Regionen, Kulturen) und Personen. Es gibt Grundbedürfnisse und Wahlbedürfnisse.

Wichtig ist, dass Sie Ihre Bedürfnisse wahrnehmen und annehmen. Dadurch können Sie sich eine Strategie überlegen, wie Sie sie erfüllen können. Nur Sie sind für Ihre Bedürfnisse verantwortlich, niemand anderes „macht" uns Bedürfnisse.

Die Bedürfnispyramide nach Maslow

Vielleicht kennen Sie sie schon: die Maslow'sche Bedürfnishierarchie, bekannt als Bedürfnispyramide. Sie ist ein sozialpsychologisches Modell des amerikanischen Psychologen Abraham Maslow (1908–1970). Es bringt auf vereinfachende Art und Weise menschliche Bedürfnisse und Motivationen in eine hierarchische Struktur und versucht, diese zu erklären.

Dritter Schritt: Bedürfnisse erkennen

Grafik: Bedürfnispyramide nach Maslow

Neben den

- ▸ *Grundbedürfnissen* (zum Beispiel nach Essen, Trinken und Schlafen) haben wir
- ▸ ein *Sicherheitsbedürfnis* (das erfüllen wir uns zum Beispiel durch Wohnung, Geld und Arbeit),
- ▸ ein *soziales Bedürfnis* (zum Beispiel nach Freundschaft, Liebe und Zugehörigkeit),
- ▸ ein *Bedürfnis nach Wertschätzung* (zum Beispiel nach Anerkennung) sowie
- ▸ ein Bedürfnis nach Selbstverwirklichung.

Die Pyramide macht deutlich, dass alle unsere Bedürfnisse aufeinander aufbauen. Erst wenn ein Bedürfnis befriedigt ist, kann das Bedürfnis auf der höheren Stufe wahrgenommen werden. Die Grundbedürfnisse stehen immer an erster Stelle.

Wenn ich also starken Hunger und Durst habe, fällt es mir wahrscheinlich schwer, eine freundliche, wertschätzende und fehlerfreie E-Mail zu schreiben. Sobald ich gegessen und getrunken habe, fühle ich mich besser, kann mich wieder konzentrieren und bin bereit zu schreiben. Wenn ich todmüde bin, reagiere ich vielleicht gereizt auf eine Kundenbeschwerde. Sobald ich ausgeschlafen bin, fällt es mir leichter, gelassen darauf zu antworten.

Man könnte also sagen, dass es für wertschätzendes Korrespondieren sehr wichtig ist, zunächst seine eigenen Grundbedürfnisse zu erfüllen. Und nicht nur die Grundbedürfnisse: Je mehr von meinen Bedürfnissen erfüllt sind, desto zufriedener, entspannter und wohlwollender kann ich mich wahrscheinlich meiner Korrespondenzpartnerin, meinem Korrespondenzpartner gegenüber verhalten.

Der Unterschied zwischen Bedürfnis und Strategie

Bedürfnisse von Menschen stehen einander nie entgegen, sondern nur die unterschiedlichen Strategien, mit denen die Menschen die Bedürfnisse erfüllen wollen. Konflikte entstehen also durch die Strategie zum Erfüllen eines Bedürfnisses und nicht durch das Bedürfnis selbst. Will man einen tieferen Einblick in die Ursachen des Problems oder Konflikts bekommen, müssen wir Bedürfnisse deshalb klar von Strategien trennen.

Ein Beispiel: Ihr Kollege und Sie brauchen eine Pause, während Sie gemeinsam an Textbausteinen arbeiten. Sie können am besten entspannen und auftanken, indem Sie allein eine Runde um den Block drehen und dabei einen Apfel essen. Ihr Kollege fragt Sie jedoch, ob Sie mit in die Cafeteria kommen. Dort ist es meistens laut, Sie würden sich nicht bewegen und dort den Apfel nicht essen mögen. Außerdem will er wahrscheinlich mit Ihnen über berufliche Themen reden.

Gehen Sie trotzdem mit, sind Sie vermutlich angespannt, fühlen sich nicht wohl, vielleicht ärgern Sie sich sogar ein bisschen. Sie fühlen sich nicht erholt und können sich anschließend nicht gut konzentrieren.

Wenn Sie sich diese Dynamik klarmachen, können Sie freundlich sagen: *„Ich kann mich besser erholen, wenn ich spazierengehe".* Wenn genug Zeit ist, können Sie auch erst einen Kaffee mit ihm trinken und danach noch eine Runde drehen. Sie können ihn auch fragen, ob er mitgehen mag. Aber es ist auch möglich zu sagen: *„Wir treffen uns dann in einer Viertelstunde im Foyer, okay?"*

Es ist also wichtig, zwischen Bedürfnis und Strategie des Erfüllens zu unterscheiden.

Tabelle *Bedürfnisse erkennen*

In der folgenden Liste finden Sie – alphabetisch geordnet – zahlreiche typische Bedürfnisse. Nehmen Sie sich doch ein paar Minuten Zeit, um sie zu lesen und sich für jedes Bedürfnis zu überlegen, ob Sie es kennen.

Abwechslung	Gleichberechtigung	Privatsphäre
Aktivität	Gleichwertigkeit	Qualität
Anerkennung	Harmonie	Respekt
Akzeptanz	Humor	Ruhe
Aufrichtigkeit	Individualität	Rücksichtnahme
Austausch	Identität	Schutz
Authentizität	Information	Selbstbestimmung
Autonomie – Selbstbestimmung	Inspiration	Selbstverantwortung
Balance *Arbeit und Freizeit*	Integrität	Selbstvertrauen
Balance *Geben und Nehmen*	Klarheit	Selbstverwirklichung
Balance *Sprechen und Zuhören*	Klima von Offenheit	Sicherheit
Bewegung	Kompetenz	Sinnhaftigkeit
Bildung/Weiterbildung	Kongruenz	Schutz
Effektivität	Kontakt	Spaß
Ehrlichkeit	Konzentration	soziales Engagement
Empathie	Kooperation	Struktur
Engagement	Kraft	Toleranz
Entscheidungsfreiräume	Kreativität	Transparenz
Entwicklung	Lebensfreude	Unterstützung
Erfolg	Lebenserhalt	Verantwortung

ernst genommen werden	Leichtigkeit	Verbundenheit
Fairness	Liebe	Verlässlichkeit
feiern – Erfolge feiern	Menschenwürde	Verständnis
Flexibilität	Menschlichkeit	Vertrauen
Freiheit	Mitgestalten	Vielfalt
Freude	Mut	wahrgenommen werden
Friede	Nähe	Weiterentwicklung
Geborgenheit	Offenheit	Wertschätzung
Gelassenheit	Ordnung/Struktur	wirtschaftliche Sicherheit
Gemeinschaft	Orientierung	Ziele erreichen
gesehen und gehört werden	partnerschaftlicher Umgang	Zufriedenheit
Gesundheit	Planbarkeit	Zugehörigkeit

Tabelle: Bedürfnisse erkennen

Übung *Bedürfnis-Check*

Mit dieser Übung können Sie sich noch konkreter mit dem Thema *Bedürfnisse* vertraut machen. Fragen Sie sich dazu: Wie gut waren die folgenden Bedürfnisse für mich erfüllt, wenn ich auf die letzten vierzehn Tage zurückblicke? Kreuzen Sie auf der Skala an: zwischen 1 *„war nicht erfüllt"* und 5 *„war voll erfüllt"*.

Dritter Schritt: Bedürfnisse erkennen

Bedürfnisse	Skala
Gutes, ausreichendes, gesundes Essen und Trinken	1 2 3 4 5
Schlaf, Erholung, Ruhe	1 2 3 4 5
Bewegung	1 2 3 4 5
Gesundheit, Schmerzfreiheit	1 2 3 4 5
Sexualität	1 2 3 4 5
Sicherheit, Obdach, Schutz, Wärme	1 2 3 4 5
Friede	1 2 3 4 5
Ordnung, Ritual	1 2 3 4 5
Selbstvertrauen	1 2 3 4 5
Zugehörigkeit	1 2 3 4 5
Liebe	1 2 3 4 5
Vertrauen	1 2 3 4 5
Intimität: Nähe, Zärtlichkeit, Geborgenheit	1 2 3 4 5
Verstehen	1 2 3 4 5
Selbstständigkeit	1 2 3 4 5
Unterstützung	1 2 3 4 5
Einfühlung	1 2 3 4 5
Begeisterung, Feiern	1 2 3 4 5
Anerkennung (dass und wie ich bin)	1 2 3 4 5
Wertschätzung (für das, was ich bin und tue)	1 2 3 4 5
Ehrlichkeit, Echtheit, Gerechtigkeit	1 2 3 4 5
In der Mitte sein, in mir ruhen	1 2 3 4 5
Lernen, Wachsen, Entwicklung, Kreativität	1 2 3 4 5
Beitragen, wirksam sein, Sinn sehen	1 2 3 4 5
Integrität (mit meinen Werten in Einklang sein)	1 2 3 4 5
Transzendenz, Spiritualität	1 2 3 4 5

Übung: Bedürfnis-Check

Reflexion *Eigene Bedürfnisse besser erfüllen*

Nehmen Sie sich – gleich im Anschluss oder bei allernächster Gelegenheit – ein paar Minuten Zeit zur Reflexion:

Schreiben Sie in die folgende Tabelle die Bedürfnisse, für die Sie eine 1, 2 oder 3 angekreuzt haben. Fragen Sie sich: Was kann ich tun, damit diese Bedürfnisse in Zukunft besser erfüllt sind?

Wenn ich zum Beispiel bei dem Bedürfnis nach Unterstützung eine 1 oder 2 angekreuzt habe, kann ich mich fragen: Was kann ich verändern, um mehr Unterstützung zu bekommen? Wen kann ich um Unterstützung bitten? Kann ich mich zusammentun mit anderen, denen es ähnlich geht? Kann ich etwas besorgen, das mir Arbeit abnimmt, zum Beispiel ein Gerät, eine Maschine? Kann ich mir neues Wissen oder Know-how aneignen, das mir hilft? Kann ich Abläufe anders organisieren? Kann ich Tätigkeiten delegieren? Wie kann ich meine Familie einbinden?

Bedürfnis	Was kann ich für dessen Erfüllung tun?

Reflexion: Eigene Bedürfnisse besser erfüllen

Drei interessante Fragen noch in diesem Zusammenhang: Wann war das Bedürfnis schon einmal erfüllt? Wie habe ich das damals gemacht? Wie kann ich das Unterstützende also wieder in mein Leben bringen?

Wenn es um das Bedürfnis nach Unterstützung geht: Vielleicht hatte ich eine Reitbeteiligung, damit ich nicht jeden Tag zum Pferd fahren muss. Vielleicht hatte ich früher eine Putzhilfe. Vielleicht hatten die Kinder feste Aufgaben im Haushalt. Vielleicht habe ich in der früheren Firma im Team bestimmte Aufgaben delegiert. Vielleicht habe ich Geräte und Maschinen in der Nachbarschaft ge- und verliehen. Vielleicht habe ich einen Freund um Hilfe gebeten ... Möglicherweise kann ich etwas davon wieder in mein Leben holen.

Reflexion *Die Bedürfnisse meines Korrespondenzpartners*

Bisher ging es darum, sich mit den eigenen Bedürfnissen zu beschäftigen. Für eine wertschätzende Korrespondenz kann es darüber hinaus hilfreich und wichtig sein, sich nicht nur das eigene, sondern auch das Bedürfnis des Korrespondenzpartners klarzumachen. Geht es ihm zum Beispiel um Sicherheit, um menschlichen Kontakt, um Ordnung, um Anerkennung, um Gerechtigkeit? Kann ich, können wir als Unternehmen dazu beitragen, dass dieses Bedürfnis erfüllt wird? Will ich, wollen wir das überhaupt?

Mit Hilfe der folgenden Tabelle können Sie für eine konkrete Korrespondenz überlegen, welche verschiedenen Bedürfnisse Ihr Korrespondenzpartner haben könnte. Für jedes entdeckte Bedürfnis können Sie darüber nachdenken, was Sie beziehungsweise Ihr Unternehmen zu seiner Erfüllung beitragen können.

Bedürfnis meines Korrespondenzpartners	Was kann ich / mein Unternehmen dazu beitragen, dass es erfüllt wird?

Reflexion: Die Bedürfnisse meines Korrespondenzpartners

Gerade im Beschwerdemanagement können ungeklärte Bedürfnisse dazu führen, dass Konflikte entstehen, eskalieren und bis zur Geschäftsleitung hochkochen.

Dann geht es oft gar nicht mehr um die Sache. Sondern darum, dass die Kundin, der Kunde doch eigentlich nur gehört, verstanden, respektiert, gerecht behandelt werden wollte. Auch wenn Sie Ihrem Kunden inhaltlich nicht zustimmen können oder ihm das zusagen können, das er haben möchte: Sie können mit Ihren Formulierungen dafür sorgen, dass die tieferliegenden Bedürfnisse gehört oder sogar befriedigt werden. Ein kurzes Beispiel hierfür:

Sehr geehrte Frau Jakobi,

Sie hatten ein äußerst unangenehmes Erlebnis mit Ihrer Reiseleitung. Ich gebe Ihnen recht: Das ist nicht zu akzeptieren. Ein Reiseleiter muss sich jeder Reiseteilnehmerin, jedem Reiseteilnehmer gegenüber respektvoll verhalten.

Ich habe dies persönlich mit Herrn Hansen besprochen. Dabei haben wir vereinbart, dass er an einer Schulung zum wertschätzenden Umgang mit Kunden teilnimmt.

Sie werden außerdem in den nächsten Tagen eine Nachricht von ihm erhalten – er möchte Sie um Entschuldigung bitten.

Freundliche Grüße

Herbert Sommer

Beispiel: In einer Antwort auf eine Beschwerde auf die Bedürfnisse des Kunden eingehen

Reflexion *Bedürfnisse erkennen*

Nehmen Sie sich noch ein paar Minuten Zeit, um zu reflektieren, vielleicht ja mit einem Lernpartner:

Was konnte ich durch den dritten Schritt – die Beschäftigung mit dem Thema *Bedürfnisse* – gewinnen?

Reflexion: Bedürfnisse erkennen

8.4 Vierter Schritt: Bitte formulieren, Handlung auslösen

Im ersten Schritt der wertschätzenden Korrespondenz ging es darum, die Situation sachlich zu schildern. Im zweiten Schritt habe ich mir bewusst gemacht, welches Gefühl ausgelöst wurde. Im dritten Schritt habe ich mir klargemacht, welches Bedürfnis zugrunde liegt.

Im vierten und letzten Schritt geht es darum, den Korrespondenzpartner um etwas zu bitten beziehungsweise eine Handlung auszulösen. Eine weitere Option ist, sich bei ihm zu bedanken – für etwas, das er getan hat.

Eine interessante grundlegende Annahme hierbei: In der gewaltfreien Kommunikation wird davon ausgegangen, dass alle Menschen gern etwas zum Wohl der anderen beitragen, solange sie es freiwillig tun können.

Für die Korrespondenz ist es sehr wichtig, dass diese Bitten, Handlungsimpulse oder positive Rückmeldungen wertschätzend geschrieben werden. Sonst wird der Korrespondenzpartner zum Beispiel mit Ärger, Irritation, Trotz, Ablehnung oder Verunsicherung reagieren. Oder er reagiert gar nicht.

Welche Art von Bitten sollte ich also vermeiden? Auf der folgenden Seite finden Sie die Tabelle *Wenig erfolgversprechende Bitten*:

Vierter Schritt: Bitte formulieren, Handlung auslösen

Bitten sind wenig erfolgsversprechend, wenn sie …	Beispiel	Reflexion	Wertschätzende Alternative
… negativ formuliert sind.	Kommen Sie nicht immer zu spät.	Der Empfänger fühlt sich angegriffen und wird sich vermutlich rechtfertigen wollen.	Bitte seien Sie pünktlich um 9 Uhr an Ihrem Arbeitsplatz.
… Gefühle statt Verhalten erbitten.	Ich möchte, dass Sie sich freuen, wenn Sie Gäste abholen.	Ein Gefühl lässt sich nicht erzwingen. Was kann der Empfänger konkret tun, damit sich die Gäste willkommen fühlen?	Bitte empfangen Sie unsere Gäste mit einem Lächeln und fragen Sie, ob sie eine angenehme Anreise hatten.
… vage und abstrakt bleiben.	Ich möchte, dass Sie mehr Verantwortung übernehmen.	Was bedeutet das genau? Woran ließe sich das überprüfen?	Ich möchte, dass Sie ab nächsten Montag den Wochenstart moderieren. Sind Sie damit einverstanden?
… Vergleiche enthalten.	Wir möchten, dass Sie uns den gleichen Service bieten wie Firma X.	Das kann Druck und Trotz beim Empfänger auslösen.	Wir möchten für die ersten zwei Jahre nach Kaufdatum einen Vor-Ort-Service.
… dem anderen keine Wahl lassen.	Sind Sie bereit, das Protokoll für das nächste Meetings zu schreiben?	Was würde passieren, wenn der Empfänger nein sagt?	Können Sie bitte das Protokoll für das nächste Meeting schreiben?

Tabelle: Wenig erfolgversprechende Bitten

In der letzten Spalte *Wertschätzende Alternative* haben Sie schon gesehen, in welche Richtung es stattdessen geht. Wann genau sind Bitten also erfolgversprechend?

Erfolgversprechende Bitten

Die folgende Tabelle soll dies veranschaulichen:

Bitten sind erfolgversprechend, wenn sie ...	Beispiel
... genau mitteilen, was Sie möchten.	Bitte schicken Sie uns den Beleg X bis zum TT.MM.JJJJ.
... ein realistisches Handeln und Verhalten konkret benennen.	Bitte stellen Sie den Hotelgästen, die nach 24 Uhr anreisen, eine Flasche Wasser und einen kleinen Imbiss auf das Zimmer.
... in der Gegenwart überprüfbar sind.	Ich hätte gern, dass Sie einmal in der Woche die Leitung der Morgenrunde übernehmen.
... dem anderen eine Wahl lassen.	Welchen Beitrag zum Projekt X könnten Sie leisten?
... vom anderen verstanden werden.	Bitte bringen Sie zum nächsten Termin Folgendes mit: • Ihre Versichertenkarte • den ausgedruckten, ausgefüllten und unterschriebenen Fragebogen Y (hängt als PDF an) • die CD mit den Aufnahmen der Magnet-Resonanz-Tomografie (MRT), die Ihnen der Arzt mitgegeben hat Vielen Dank!

Tabelle: Erfolgversprechende Bitten

Über die Beispiele konnten Sie sehen, wie Bitten so formuliert werden können, dass sie erfolgversprechend sind. Lassen Sie uns das mit einer Übung vertiefen. In dieser wird es darum gehen zu beurteilen, ob die formulierten Bitten/Aussagen Ihrer Meinung nach erfolgversprechend sind.

Übung *Erfolgversprechende Bitten erkennen*

Bitte kreuzen Sie die Aussagen an, die Sie für erfolgversprechend halten.

Nr.	Beispiel	erfolg-versprechend?
1	Ich möchte, dass Sie sich mehr engagieren.	
2	Bitte füllen Sie das angehängte Formular aus und schicken Sie es uns bis zum TT.MM.JJJJ zurück.	
3	Ich hätte gern, dass du mir mehr Freiheit lässt.	
4	Bitte respektieren Sie mich.	
5	Bitte antworten Sie uns auf dieses Schreiben nicht mehr.	
6	Wir möchten eine Entschädigung in Höhe von 500 Euro.	
7	Bitte informieren Sie uns unverzüglich.	
8	Wir möchten über … gern persönlich mit Ihnen sprechen. Sind Sie damit einverstanden?	
9	Ich möchte mehr Mitspracherecht haben.	
10	Wir möchten für dieses Thema nicht mehr zuständig sein.	
11	Bitte seien Sie nicht traurig darüber.	
12	Bitte kontrollieren Sie an jedem Freitagnachmittag um 16 Uhr den Bestand.	
13	Wir möchten, dass ihr zum Abteilungsfest fröhliche Stimmung mitbringt.	
14	Deine Aufgabe dabei könnte sein, die Gruppenleiter zu informieren. Wäre das für dich okay?	
15	Wir wollen den gleichen Preis wie Firma Z.	
16	Bitte seien Sie loyal.	

Übung: Erfolgversprechende Bitten erkennen

Sie haben die Übung gemacht? Die Lösung finden Sie im Anhang auf Seite 208. Ich empfehle Ihnen, sie auf jeden Fall zu lesen, da Sie darin hilfreiche weitere Informationen finden.

In der nächsten Übung können Sie <u>wenig</u> erfolgversprechende Formulierungen in erfolgversprechende verwandeln. Lösungsvorschläge dazu finden Sie im Anhang auf Seite 210.

Übung *Wenig erfolgversprechende Bitten in erfolgversprechende verwandeln*

Wenig erfolgversprechende Bitten	Erfolgversprechende Bitten
Ich möchte die gleichen Vorteile erhalten wie Herr X.	
Bitte ärgern Sie sich nicht darüber, dass Sie in diesem Jahr keinen Bonus erhalten.	
Übernehmen Sie bitte die Koordination der Pressekonferenz?	
Bitte verhalten Sie sich in Zukunft angemessen.	
Verzögern Sie bitte nicht wieder den Ablauf.	

Übung: Wenig erfolgversprechende Bitten in erfolgversprechende verwandeln

Fazit und Überleitung

In diesem Kapitel haben Sie (kennen-)gelernt, ...

- ▶ welche vier Schritte das Modell der wertschätzenden Kommunikation beinhaltet: *Beobachtung*, *Gefühl*, *Bedürfnis* und *Bitte/Handlung*,
- ▶ wie Sie beschreiben können, was Sie beobachten, ohne dabei zu bewerten,
- ▶ wie das Eisbergmodell dabei helfen kann, die tieferen Ursachen von Konflikten zu verstehen,
- ▶ welche Bedeutung Gefühle haben, wie Sie sie erkennen und benennen können,
- ▶ was Bedürfnisse sind und wie wichtig es ist, sie bei Ihnen selbst und bei Ihrem Korrespondenzpartner zu erkennen, und
- ▶ wie Sie eine Bitte so formulieren können, dass sie Erfolg verspricht.

Durch verschiedene Übungen, Beispiele und Reflexionen konnten Sie dieses Wissen verstehen, anwenden und sich damit zu eigen machen. Zusammen mit den Erfahrungen und dem Know-how aus den Kapiteln 5 bis 8 können Sie das Thema jetzt tiefgehend betrachten und vielleicht schon spüren, dass sich alles zusammenfügt und positiv zu wirken beginnt.

Auch für das nächste – und letzte inhaltliche – Kapitel ist damit schon der Grundstein gelegt: sich selber wertschätzen.

9 Sich selber wertschätzen

Wie soll man andere wertschätzen können, ohne sich selber wertzuschätzen? Wenn ich mich selber nicht respektiere, mag, schätze, liebe – wie kann ich dann von meinem Gegenüber erwarten, dass er oder sie mich wertschätzt? Wenn ich selber unzufrieden mit mir und meinem Leben bin – wie kann ich gelassen, klar, frei von negativer Ladung auf meinen Korrespondenzpartner reagieren? Wenn ich voller Unsicherheiten und Verletzungen stecke – wie leicht kann ich eine Kritik, eine Beschwerde persönlich nehmen und mit dem anderen zusammenrumpeln? Wenn ich mich selber ablehne und innerlich kleinmache – wie kann ich dann auf gleicher Augenhöhe korrespondieren?

Ein erster wichtiger Bestandteil von Wertschätzung ist eine möglichst beständige Psychohygiene. Was meint der Begriff *Psychohygiene*? Wie funktioniert sie? Und warum ist sie für wertschätzende Korrespondenz wichtig? Diese Fragen werden sich im Verlauf des nächsten Unterkapitels klären.

9.1 Psychohygiene

Unter Psychohygiene versteht man alle Maßnahmen, die ergriffen werden, um psychische Gesundheit zu erhalten oder zu erlangen.

Chaos, Müll, Unordnung in meiner Umgebung beeinträchtigen mich und andere; sie wollen bewältigt, entsorgt und geordnet werden. Körperhygiene ist grundlegend für das Wohlgefühl, die Gesundheit und den Kontakt mit meinen Mitmenschen. Analog dazu ist Psychohygiene ein möglichst regelmäßiges Aufräumen, Reinigen und Pflegen der Seele. Dabei geht es darum, den Stress, negative Emotionen, Angst, Sorgen und Zweifel loszulassen, die sonst zu einer starken Belastung werden können.

Geprägt wurde der Begriff der Psychohygiene vom deutschen Psychiater Robert Sommer. Sein Ansatz: Wir brauchen gegen die täglichen schädlichen und negativen Einflüsse eine bewusste Strategie. Diese soll nicht nur dabei helfen, akute negative Eindrücke und Erlebnisse zu verarbeiten, sondern langfristig auch dafür sorgen, dass diese uns weniger belasten und mitnehmen.

Für Psychohygiene unverzichtbar ist es, negative Emotionen nicht dauerhaft zu verdrängen, sondern zu verarbeiten und so zu bewältigen. Das ist immer wieder herausfordernd, da ich mich ganz bewusst mit meiner Stimmung auseinandersetzen muss. Ich muss immer wieder hinterfragen, welche Ursachen hinter meinen negativen Gefühlen stehen.

Das kann ich nicht in jedem Fall selber leisten. Die Begleitung durch einen Psychotherapeuten, Berater oder Coach ist in Lebenskrisen häufig sehr sinnvoll und hilfreich. Doch trotzdem und gleichzeitig kann ich selber eine Menge dafür tun, dass es mir in meiner Situation besser beziehungsweise so gut wie möglich geht.

Welche Vorteile bringt die Psychohygiene?

- stabile Psyche
- psychische Gesundheit
- größere Zufriedenheit mit der eigenen Situation
- mehr Selbstbewusstsein
- Sorgen und Ängste werden angenommen und bearbeitet
- Schutz vor Depressionen und psychosomatischen Krankheiten
- größere Resilienz (psychische Widerstandskraft) in schwierigen Lebenssituationen
- mehr Gelassenheit
- positivere Ausstrahlung und damit positiveres Feedback

Psychohygiene – besonders wichtig im Kundenservice

Gerade im Bereich Kundenservice gilt die Devise: Immer freundlich, der Kunde ist König, bloß keine unzufriedenen Kunden. Das lässt sich manchmal schwer durchhalten.

Es kann sein, dass ich täglich mit ärgerlichen, unverschämten, deprimierten, kranken, verzweifelten Menschen zu tun habe. Viele kommen mit einem Problem oder wollen ihren Frust herauslassen. Es ist schwer, dabei unbelastet, ausgeglichen und emotional gesund zu bleiben.

Das eigene Befinden lässt sich auf Dauer nicht ausschalten, ohne dass es zu Problemen kommt. Wer alles in sich hineinfrisst und mit sich herumschleppt, kann körperlich krank werden, depressiv werden und zunehmend Konflikte mit seinen Mitmenschen erleben.

Es gibt viele mögliche Gründe, warum über diese Dauerbelastung hinaus meine eigene Stimmung gedrückt ist, ich schlechte Laune habe oder wütend bin:

- Die Stimmung in der Abteilung, im Team ist schlecht.
- Ich habe eine Beziehungskrise mit meiner Frau.
- Heute Morgen stand ich zwei Stunden im Stau.
- Ich bin schon wieder nicht befördert worden.
- Unser Baby weckt uns x-mal in der Nacht auf – ich bin total müde und gereizt.
- Ich habe Kopf- und Halsschmerzen, fühle mich mies.
- Meine Vorgesetzte hat mich kritisiert.
- Der Kundenservice soll ausgelagert werden – mir drohen Entlassung oder Umzug.

Angesichts der Situationen kann ich mich jetzt fragen: Wie schaffe ich es, dass dies Negative nicht die Kommunikation zu dem Menschen beeinträchtigt, an den ich gerade schreibe und der gar nichts damit zu tun hat? Wie kann ich trotzdem im Kontakt zu den Kollegen, Kunden, aber auch zu meinen Angehörigen und Freunden klar und wertschätzend bleiben beziehungsweise werden?

Das kann mir gelingen, indem ich für meine Psychohygiene im Alltag sorge. Dazu gibt es jetzt einige Gedanken und Anregungen.

Psychohygiene im Alltag

Ich kann mich in nahezu jeder Situation fragen: Was kann ich tun, damit es mir besser geht? Und sei es nur ein kleines bisschen besser. Damit übernehme ich Selbstverantwortung, komme aus Ohnmacht und Opferhaltung heraus und beginne, eine Situation ins Positive zu wandeln.

Liegt mir etwas quer im Magen, kann ich – nachdem ich untersucht habe, woran es liegt – überlegen: Was kann ich konkret tun, um mich besser zu fühlen? Was brauche ich? Was tut mir gut? Was würde meine Laune heben?

Das kann einerseits etwas eher Äußerliches sein, das mich ablenkt, meinem Körper guttut, Spaß bringt. Auf der folgenden Seite sind ein paar Ideen, Inspirationen, Möglichkeiten. Es sind Dinge, die Sie eventuell schon machen oder wieder aufgreifen wollen. Aber vielleicht ist auch etwas dabei, was Sie sich schon immer vorgenommen haben oder Sie spontan anspringt.

Reflexion: *Was kann mir guttun?*

Aktivität	mache ich schon	will ich wieder machen	will ich anfangen
spazieren gehen			
Sport machen			
wandern			
Musik hören oder machen			
malen, basteln, heimwerken ...			
Freunde treffen			
telefonieren			
lesen			
kochen oder backen			
einen guten Film schauen			
Gesellschaftsspiel spielen			
gärtnern			
putzen			
aufräumen, ausmisten, verschenken, verkaufen			
Yoga machen			
schreiben			
in die Sauna gehen			
Körperpflege betreiben			

Reflexion: Welche Aktivitäten können mir guttun?

Das kann auch etwas sein, das mehr in die Tiefe geht und etwas löst:

Was?	Mit wem? An wen?	Welches Thema?	Wo? Wann?
meine Gefühle wahr- und annehmen			
Konflikte klären			
um Entschuldigung bitten			
etwas wiedergutmachen			
einen Brief oder eine E-Mail schreiben			
ein persönliches Gespräch führen			

Reflexion: Was kann mir tiefergehend guttun und etwas lösen?

Und das kann darüber hinaus auch etwas sein, das mein Bedürfnis nach Spiritualität erfüllt. Damit ist nicht Esoterik gemeint, sondern ein Sich-Wenden an etwas, das größer ist als ich – sei es die Natur, Gott oder eine hilfreiche Kraft:

Aktivität	mache ich schon	will ich wieder machen	werde ich tun
meditieren			
beten			
einen Gottesdienst besuchen			
mir Hilfe holen bei …			

Reflexion: Was kann mir auf einer spirituellen Ebene guttun?

Nun ist es oft so, dass wir zwar gute Ideen haben, was uns guttun würde. Jedoch können wir uns nicht aufraffen – der innere Schweinehund kläfft. Im Folgenden habe ich ein paar Tipps:

Tipps gegen den inneren Schweinehund:

- ▶ Suchen Sie sich etwas aus, das Ihnen wirklich Spaß bringt beziehungsweise bringen würde.
- ▶ Setzen Sie sich ein realistisches Ziel.
- ▶ Fangen Sie mit kleinen, leichten Einheiten an.
- ▶ Bereiten Sie die Aktivität so vor, dass Sie sie ohne großen Aufwand beginnen können.
- ▶ Finden Sie eine regelmäßige Zeit dafür und tragen Sie sich die Aktivität als Termin in den Kalender ein.
- ▶ Halten Sie durch – nach einigen Malen verspüren Sie wahrscheinlich ein regelmäßiges Bedürfnis danach.
- ▶ Suchen Sie sich einen Partner dafür oder eine Gruppe.

- Achten Sie bewusst auf das Vorher- und das Nachher-Gefühl.
- Machen Sie sich – wenn Sie Unlust verspüren – klar, wie viel besser Sie sich danach fühlen werden.

Es lohnt sich immer, für alle Lebensbereiche Psychohygiene zu betreiben! Wenn das jeder Mensch beherzigen würde, wäre es vermutlich auf der Welt um einiges friedlicher. Und die Korrespondenz auch!

9.2 Sich selber wertschätzen lernen

Über die Psychohygiene hinaus gibt es die große Herausforderung, sich selber wertzuschätzen. Die folgenden Fragen können Ihnen dabei helfen, einen wertschätzenden Blick auf sich selbst und Ihr Leben zu gewinnen.

Sie können zum Beispiel folgendermaßen vorgehen:

a) Entweder Sie beantworten die Fragen in Form einer intensiven Klausur: Ziehen Sie sich für mindestens eine Stunde zurück an einen ungestörten Ort. Schaffen Sie eine Atmosphäre, in der Sie sich wohlfühlen (Temperatur, Licht, Sitzplatz, Blick, Luft, Duft, Getränk ...). Notieren Sie sich Ihre Gedanken und Gefühle.

b) Oder Sie schaffen sich für die nächste Zeit ein kleines Morgen- oder Abendritual, in dem Sie nur jeweils eine Frage intensiv wirken lassen, die Gedanken und Gefühle dazu aufmerksam wahrnehmen und notieren.

c) Sie können auch jeweils einen Fragenblock beantworten – die Fragen sind thematisch gruppiert. Eine weitere Alternative: Sie suchen sich die Fragen heraus, die Sie ansprechen, und beantworten nur diese.

d) Eine – wie ich finde – wunderbare Variante: Sie gehen die Fragen gemeinsam mit einem Lernpartner Ihres Vertrauens durch.

Auf der folgenden Seite geht es los!

1. Über was freue ich mich?
2. Was macht mich glücklich?
3. Wer oder was bereichert mein Leben?
4. Welche Tätigkeiten erfüllen mich?
5. Was oder wen pflege ich?

Reflexion: Freude, Glück, Bereicherung

6. Welche Eigenschaften mag ich an mir?
7. Was an meinem Aussehen, an meinem Körper gefällt mir?
8. Welche Gaben, welches Talent wurde mir mitgegeben?
9. Was kann ich gut?

Reflexion: Eigenschaften, Gaben, Talente

10. Für welche Dinge in meinem Leben bin ich dankbar?
11. Für welche Erfahrungen in meinem Leben bin ich dankbar?
12. Welche Aufgaben habe ich meistern können?
13. Was habe ich erreicht?
14. Auf was bin ich stolz?

Reflexion: Dankbarkeit für Dinge, Erfahrungen, Erfolge

15. Wer hat mich in meinem Leben unterstützt?
16. Wer hat mich erkannt, gefördert, begleitet?
17. Wer hat immer / in schweren Zeiten zu mir gehalten?
18. Wer hat an mich geglaubt? Wer glaubt an mich?
19. Wem verdanke ich meine Berufswahl? Wie kam es dazu?
20. Welchen Büchern verdanke ich Wissen und Erkenntnisse? Welche Filme haben mir Augen und Herz geöffnet? Inwiefern?
21. Für welche Begegnungen bin ich dankbar? Warum?

Reflexion: Dankbarkeit für Unterstützer, Mentoren, Inspirationen, Begegnungen

22. Für welche Umstände und Ereignisse bin ich im Nachhinein dankbar? Warum?

23. Welche schwierigen Entscheidungen haben sich letztlich als positiv herausgestellt? Warum?

24. An wem habe ich mich abgearbeitet und bin dadurch gewachsen?

Reflexion: Dankbarkeit für Umstände, Ereignisse, Herausforderungen

Vielleicht haben Sie viele der Fragen schriftlich beantwortet oder sogar alle? Seien Sie stolz auf sich! Aber auch, wenn Sie sich nur zu einigen der Fragen Notizen gemacht haben: Sie sind dadurch aktiv in Richtung Selbstwertschätzung gegangen. Haben Sie die Fragen überflogen und bisher keine Gedanken dazu aufgeschrieben? Tragen Sie sich doch einen Termin mit sich selbst in Ihren Kalender ein und machen Sie einen neuen Anlauf. Sie trainieren durch diese Fragen einen wertschätzenden Blick, eine wertschätzende innere Haltung. Das zahlt sich auch aus für Ihre Korrespondenz.

Abschließende Reflexion zu den Fragen

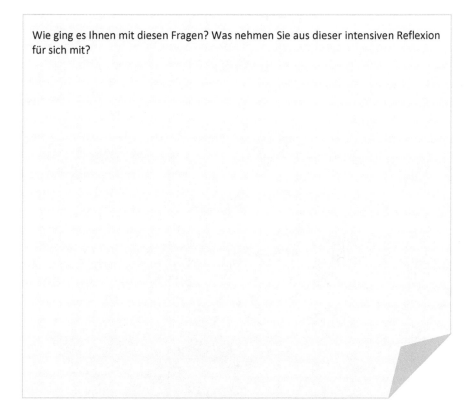

Wie ging es Ihnen mit diesen Fragen? Was nehmen Sie aus dieser intensiven Reflexion für sich mit?

Reflexion: Dankbarkeit für Umstände, Ereignisse, Herausforderungen

Selbstverständlich ist es ein lebenslanger Prozess, eine lebenslange Aufgabe, sich selber wertzuschätzen. Mal gelingt es, mal fällt es schwer. Und es lohnt sich, sich immer wieder damit zu befassen! Nehmen Sie sich die Fragen also nach einer gewissen Zeit noch einmal vor. Tipp: Sie können sich diesen Zeitpunkt im Kalender eintragen.

Damit Sie diesem so wichtigen Thema einen festen Platz in Ihrem Leben einrichten, können Sie auch ein Journal anlegen. In diesem Notizbuch lässt sich wunderbar schreiben, notieren, kritzeln, zeichnen, malen, kleben – rund um das Thema *Wertschätzung*. Aber auch schon die einfache Frage am Abend *„Wofür bin ich heute dankbar?"* hilft dabei, sich täglich die vielen kleinen und großen wertvollen Erfahrungen und Ereignisse bewusst zu machen.

10 Wertschätzend korrespondieren – ein Fahrplan

Dieses letzte Kapital kann Ihnen dabei helfen, sich das Gelesene überblicksartig vor Augen zu führen und sich immer wieder zu orientieren: Wo bin ich im Prozess des wertschätzenden Korrespondierens und was brauche ich dafür?

Die Schritte bringen die Themen dieses Buches auf den Punkt und auf eine sehr pragmatische Ebene. Gleichzeitig laden sie dazu ein, die vorigen Kapitel noch einmal intensiv zu lesen und aktiv zu bearbeiten. Mit dem Wissen und Know-how, das Sie sich hierdurch angeeignet haben, können Sie Ihre Korrespondenz erfolgreich verändern!

Es sind zehn Schritte – lesen Sie sich diese erst einmal in Ruhe durch. Auch in dem Wissen darum, dass es nicht darum geht, sie alle sofort umzusetzen, sondern nach und nach mit ihnen zu arbeiten. Es ist ein Fahrplan, der Ihnen immer wieder Orientierung bieten kann.

Schritt 1 – Psychohygiene

Machen Sie eine kurze Bestandsaufnahme, bevor Sie mit dem Lesen und Beantworten der Korrespondenz anfangen:

- Wie geht es mir gerade?
- Was kann ich dafür tun, dass ich entspanne, loslasse?
- Was sind meine Gefühle, Bedürfnisse, Wünsche?
- Wie kann ich gerade gut für mich sorgen?

Schritt 2 – Inhalte und Ziel klären

Machen Sie sich klar, worum es inhaltlich, thematisch, fachlich geht. Versuchen Sie zu verstehen, was der Kunde von Ihnen will beziehungsweise, was dem Kunden von Ihrer Seite aus mitgeteilt werden soll.

- Worum geht es genau in dem Schreiben, auf das ich antworten muss?
- Was kann/sollte ich tun, wenn ich etwas darin nicht verstehe?
- Welche Informationen muss ich noch einholen, um antworten zu können?
- Was soll, will ich dem Kunden mitteilen?
- Wie soll er reagieren, was soll er konkret tun?

Schritt 3 – Gedanken über den Leser

Bevor Sie schreiben, versuchen Sie, sich so gut wie möglich in Ihren Leser einzufühlen, ihn kennenzulernen.

- Mit was für einem Menschen habe ich es zu tun?
- Was sind seine Gefühle, Bedürfnisse, Sorgen, Ziele und Wünsche?
- Was braucht mein Leser, um sich wohlzufühlen?
- Wie würde es mir selber gehen, wenn ich diese Person wäre? Was würde ich mir wünschen?

Schritt 4 – Überlegungen zum Schreibstil und zum eigenen Unternehmen

Machen Sie sich kurz Gedanken dazu, welcher Sprachstil passend wäre.

- Mit welchem Schreibstil erreiche ich meine Leserin, meinen Leser am besten? Wie sollte ich sie oder ihn ansprechen?
- Wie wollen wir als Unternehmen auftreten? Welcher Schreibstil passt zu uns? Was sind unsere Werte und Richtlinien?

Schritt 5 – Reflexion des eigenen Standpunktes und Wahl der Stilmittel

Es ist wichtig, sich die unterschiedlichen Positionen und den Umgang damit klarzumachen. Dabei helfen diese Fragen:

- Wo kann ich der Kundin, dem Kunden entgegenkommen?
- Wo muss ich eine Grenze ziehen und diese respektvoll kommunizieren?
- Wie kann ich meinen, unseren Standpunkt vertreten und dabei freundlich-sachlich und respektvoll bleiben?

Schritt 6 – Inhalte sammeln und ordnen

Sammeln Sie als Nächstes kurz die Inhalte Ihrer Antwort in Form von Stichpunkten und bringen Sie diese in eine sinnvolle, leserfreundliche Struktur:

- Was muss aus unserer Sicht geschrieben werden?
- Welche Antworten braucht die Leserin, der Leser?
- Was interessiert die Leserin, den Leser zuerst? Was ist für sie oder ihn wichtig? Wo sollte ich das platzieren?

Schritt 7 – in den Schreibfluss kommen, die E-Mail formulieren

Formulieren Sie jetzt möglichst entspannt den Text der E-Mail, des Briefes. Dabei sind folgende Tipps hilfreich:

- Schreiben Sie mit dem Bewusstsein, erst einmal nur einen Entwurf zu formulieren.
- Ihre E-Mail, Ihr Brief muss nicht sofort perfekt sein!
- Schreiben Sie den Text also erst einmal herunter, ohne die einzelnen Worte und Sätze sofort zu korrigieren oder zu überarbeiten.
- Gewinnen Sie dann etwas Abstand, machen Sie etwas anderes, holen Sie sich einen Kaffee oder Tee, schlafen Sie eine Nacht darüber, wenn möglich.

Schritt 8 – Reflexion der Wortwahl

- Welche Worte in meiner E-Mail, meinem Brief wirken negativ? Wie kann ich es positiver ausdrücken?
- Ist mein Text verständlich aus Sicht der Leserin, des Lesers? Kann ich die Verständlichkeit noch verbessern?
- Könnte die Kundin, der Kunde etwas missverstehen? Wie kann ich es so formulieren, dass es unmissverständlich wird?

Schritt 9 – Überarbeiten

Überarbeiten Sie den Entwurf. Dabei hilft es sehr, sich so gut wie möglich in die Leserperspektive hineinzuversetzen. Und sich noch einmal klarzumachen, was Ihre Absicht war.

- Wird sich meine Leserin, mein Leser wertgeschätzt fühlen?
- Was kann ich noch dafür tun?

Schritt 10 – Kontrolle und Absenden

Am Schluss lesen Sie den Entwurf noch einmal sehr aufmerksam Korrektur. Sie prüfen die Adresse/n, schreiben oder aktualisieren den Betreff, fügen Ihre Signatur ein und kontrollieren noch einmal aufmerksam, ob Sie an den (richtigen) Anhang gedacht haben und welche Gesamtwirkung die E-Mail oder der Brief hinterlässt.

- Ist meine E-Mail, mein Brief fehlerfrei?
- Stimmt die Adresse, habe ich den Verteiler richtig gewählt?
- Habe ich meine (korrekte) Signatur eingefügt?
- Habe ich den Anhang eingefügt?
- Ist der Betreff richtig, aktuell, treffend?
- Ist der Gesamteindruck positiv?

Diese Vorgehensweise ist in etliche Details zerlegt. Im oft hektischen Alltag werden Sie sich vermutlich selten die Zeit dafür nehmen, jeden dieser Schritte umzusetzen. Nach der ein oder anderen intensiveren Beschäftigung damit werden Ihnen jedoch diese Aspekte, Fragen, Erkenntnisse in Fleisch und Blut übergehen. Sie werden dann automatisch in Ihr Korrespondieren einfließen.

Das bedeutet natürlich auch Üben und Arbeit. Der Lohn dafür: eine schriftliche Kommunikation, die Freude bereitet, fair ist, sich gut anfühlt, keine Verlierer hat. Konflikte, die gar nicht erst an Fahrt aufnehmen. Zufriedene Kunden, Kollegen, Vorgesetzte und Geschäftspartner. Weniger Stress, Ärger, Streit und Schriftwechsel. Sie sparen Zeit und Geld. Und Sie sorgen für ein gutes Image Ihres Unternehmens, Ihres Teams, Ihrer Person.

Ich wünsche Ihnen viel Freude, viele gute Erfahrungen und viel Erfolg mit dem wertschätzenden Korrespondieren!

11 Anhang

11.1 Lösungsvorschläge für die Übungen

Vier-Farb-Modell – Mich selber einschätzen

Schritt 1: Den Aussagen die passenden Farben zuordnen

So schätze ich mich selber ein	trifft zu	Farbe
Ich schreibe, wie ich bin – locker, kreativ und witzig.		gelb
Am wohlsten fühle ich mich, wenn es in der Korrespondenz herzlich und harmonisch zugeht.		orange
Ich mag es knapp und sachlich.		blau
Der alte Schreibstil entspricht mir mehr.		grün
Ich will abgesichert sein.		grün
Ich halte mich an die Fakten.		blau
Mir ist Freundlichkeit sehr wichtig.		orange
Ich bin ein spontaner und impulsiver Mensch.		gelb
Kontakte zu pflegen bedeutet mir viel.		orange
Ich erwarte vernünftige Argumente und stichhaltige Zahlen.		blau
Ich liebe Humor, Ironie, Satire.		gelb
Peppig, frisch, spritzig sollte es schon formuliert sein.		gelb
Ich bin recht heimatverbunden und traditionsbewusst.		grün
Menschliche Wärme lässt mich aufblühen.		orange
Eine gewisse Distanz ist schon sinnvoll.		blau
Die alten Umgangsformen waren viel höflicher.		grün

Schritt 2: Die Aussagen ankreuzen, die auf mich zutreffen

So schätze ich mich selber ein	trifft zu	Farbe
Ich schreibe, wie ich bin – locker, kreativ und witzig.		gelb
Am wohlsten fühle ich mich, wenn es in der Korrespondenz herzlich und harmonisch zugeht.	x	rot
Ich mag es knapp und sachlich.		blau
Der alte Schreibstil entspricht mir mehr.		grün
Ich will abgesichert sein.	x	grün
Ich halte mich an die Fakten.		blau
Mir ist Freundlichkeit sehr wichtig.	x	rot
Ich bin ein spontaner und impulsiver Mensch.		gelb
Kontakte zu pflegen bedeutet mir viel.	x	rot
Ich erwarte vernünftige Argumente und stichhaltige Zahlen.		blau
Ich liebe Humor, Ironie, Satire.	x	gelb
Peppig, frisch, spritzig sollte es schon formuliert sein.		gelb
Ich bin recht heimatverbunden und traditionsbewusst.		grün
Menschliche Wärme lässt mich aufblühen.	x	rot
Eine gewisse Distanz ist schon sinnvoll.		blau
Die alten Umgangsformen waren viel höflicher.		grün

Schritt 3: Die Farben der zutreffenden Aussagen mit einem Häkchen markieren

So schätze ich mich selber ein	trifft zu	Farbe
Ich bin abenteuerlustig und risikofreudig.		Gelb
Am wohlsten fühle ich mich, wenn es herzlich und harmonisch zugeht.	x	✔ (Rot)
Mit ist es recht, wenn es nicht zu „kuschelig" zugeht.		Blau
Früher war alles besser.		Grün
Ich will abgesichert sein.	x	✔ (Grün)
Ich halte mich an die Fakten.		Blau
Mir ist Freundlichkeit sehr wichtig.	x	✔ (Rot)
Ich bin ein spontaner und impulsiver Mensch.		Gelb
Kontakte zu pflegen bedeutet mir viel.	x	✔ (Rot)
Ich erwarte vernünftige Argumente und stichhaltige Zahlen.		Blau
Ich liebe Humor, Ironie, Satire.	x	✔ (Gelb)
Peppig, frisch, spritzig sollte es schon sein.		Gelb
Ich bin recht heimatverbunden und traditionsbewusst.		Grün
Menschliche Wärme lässt mich aufblühen.	x	✔ (Rot)
Eine gewisse Distanz ist schon sinnvoll.		Blau
Die alten Umgangsformen waren viel höflicher.		Grün

Auswertung dieses Beispiels:

Rot: 3 Häkchen
Grün: 1 Häkchen
Gelb: 1 Häkchen
Blau: 0 Häkchen

Bei diesem Beispiel trifft am häufigsten Farbtyp *Rot* zu. Es gibt auch einen kleinen Anteil der Farbtypen *Grün* und *Gelb*. Der Farbtyp *Blau* scheint hier am wenigsten zuzutreffen.

Vier-Farb-Modell – Mein Unternehmen einschätzen

Lösungsvorschlag für Schritt 1

Reflexion „So schätze ich mein Unternehmen ein"		
Aussage	trifft zu	Farbe
Wir wollen spontane und impulsive Menschen ansprechen.		gelb
Bei uns geht es um die Fakten.		blau
Menschliche Wärme steht bei uns im Mittelpunkt.		rot
Wir bieten alles, damit unsere Kunden sich sicher und geschützt fühlen.		grün
Wir stehen für Abenteuerlust und Risikofreude.		gelb
Perfektion ist unsere Maxime.		blau
Unser Tonfall ist herzlich.		rot
Unsere Zielgruppe ist eher konservativ und heimatverbunden.		grün
Unsere Kunden wollen eine gewisse Distanz.		blau
Wir erreichen unsere Kunden mit Witz.		gelb
Wir legen viel Wert auf gute Umgangsformen.		grün
Wir liefern vernünftige Argumente und stichhaltige Zahlen.		blau
Wir pflegen einen sehr persönlichen Kontakt zu unseren Kunden und Geschäftspartnern.		rot
Wir sind ein traditionsbewusstes Unternehmen.		grün
Wir sind unkonventionell und provozieren auch manchmal ein bisschen.		gelb
Wir wollen unseren Kunden sehr freundlich begegnen.		rot

Vier-Farb-Modell – Meinen Korrespondenzpartner einschätzen

Lösungsvorschlag für Schritt 1

Reflexion *„So schätze ich meinen Korrespondenzpartner ein"*		
Der Kunde, an den ich schreiben will, …	trifft zu	Farbe
… ist ein bisschen ängstlich und fragt nach Sicherheiten und Garantien.		grün
… ist ein herzlicher Typ.		rot
… wirkt eher distanziert und förmlich.		blau
… ist ein spontaner, impulsiver Mensch.		gelb
… redet/schreibt ein bisschen altmodisch.		grün
… ist harmoniebedürftig und pflegt den persönlichen Kontakt.		rot
… ist unkonventionell und provoziert auch manchmal ein bisschen.		gelb
… ist witzig und hat einen lockeren Schreibstil.		gelb
… ist ziemlich emotional.		rot
… legt Wert auf gute Umgangsformen.		grün
… liebt Zahlen, Daten, Fakten.		blau
… liefert gute Argumente, wirkt sehr vernünftig.		blau
… scheint eher konservativ und traditionsbewusst zu sein.		grün
… verwendet gern Emoticons.		rot
… wirkt abenteuerlustig und ist risikobereit.		gelb
… wirkt ein bisschen perfektionistisch.		blau

Vier-Farb-Modell – E-Mails einschätzen

✉ E-Mail A

Liebe Frau X,

über Ihre Antwort habe ich mich gefreut. Ich greife gern Ihren guten Vorschlag auf – er hilft uns sehr für das weitere Vorgehen. Wir sind sehr zufrieden, danke schön!

Herzliche Grüße

✉ E-Mail B

Guten Tag Frau Münch,

danke für die Antwort. Die Zahlen und Fakten sind für die Entscheidung wichtig. Ihre konkrete Strategie überzeugt.

Viele Grüße

✉ E-Mail C

Sehr geehrte Frau Münch,

Mit Ihrer Nachricht habe ich mich auseinandergesetzt. Der Inhalt ist übersichtlich strukturiert und von hoher Qualität. Ihre wohlüberlegten Hinweise werden das bewährte Vorgehen bereichern. Besten Dank.

Mit freundlichen Grüßen

✉ E-Mail D

Hallo Frau Münch,

wunderbar, Ihr Plan liegt schon auf meinem Schreibtisch! Er überrascht – im positiven Sinne – und gibt erfrischende Impulse. Danke dafür …

Grüße aus dem Homeoffice

Wertschätzend korrespondieren: Beobachten, ohne zu bewerten

Beispiele: Beobachtungen gemischt mit Bewertungen	Beispiele: Beobachtungen ohne Bewertungen
Ihr Artikel kommt immer zu spät.	Abgabetermin für alle Artikel ist mittwochs um 16 Uhr.
Ihr Bericht fehlt. Offenbar fehlt Ihnen das Interesse an der Projektarbeit.	Mir fehlt Ihr Bericht.
Ihr Protokoll ist schlampig verfasst.	In Ihrem Protokoll sind zehn Rechtschreibfehler und bei TOP 3 fehlt der Beschluss Y.
Frau Mayer hat meine Moderation kritisiert.	Frau Mayer hat mir geschrieben, dass ihr meine Moderation nicht gefallen hat.
Das Problem X haben Sie sehr gut gelöst.	Ihr Vorschlag berücksichtigt auch … Das gefällt mir sehr gut.
Sie schicken mir ständig die falschen Texte.	In meinen Mails vom TT.MM.JJJJ, TT.MM.JJJJ und TT.MM.JJJJ hatte ich Sie darum gebeten, mir den Text Z zu schicken.
Ihre Antwort ist unverschämt.	In unseren Bedingungen haben wir … festgelegt. … ist darin nicht enthalten.

Erfolgversprechende Bitten erkennen – meine Einschätzungen

1	Damit bittet der Schreiber nicht um eine eindeutige Handlung. Was bedeutet „mehr engagieren"? Klarer wäre: *„Ich möchte, dass Sie die Leitung des Projekts X übernehmen. Können Sie sich das vorstellen?"*
2	Das ist eine klare Bitte – ich als Leserin oder Leser weiß, was genau ich bis wann tun soll.
3	Das ist vage. Woran könnte der Schreiber konkret sehen, dass die Bitte erfüllt wurde? Klarer wäre: *„Ich möchte die Besetzung gern eigenständig entscheiden."*
4	Auch das ist wenig erfolgversprechend, da ich als Leser nicht genau weiß, was Sie sich von mir wünschen. Konkreter wäre: *„Ich möchte bei den Entscheidungen über ABC ab sofort einbezogen werden. Außerdem bitte ich darum, mich in Zukunft in den XYZ-Verteiler aufzunehmen."*
5	Der Leser könnte sich abgeblockt und alleingelassen fühlen. Das könnte dann auch negative Folgen für Sie haben, da er Ihre Bitte ignorieren oder schlecht über Sie reden könnte. Mehr Erfolg hätten Sie wahrscheinlich mit: *„Bitte wenden Sie sich an XYZ. Sie finden die Kontaktdaten unter …"*
6	Dies ist eine eindeutige Bitte – ich als Leser weiß, was der Schreiber von mir erwartet.
7	Was bedeutet *„unverzüglich"*? Wann würde ich als Schreiber nachhaken? Klarer formuliert: *„Bitte informieren Sie uns innerhalb von 24 Stunden, nachdem Ihnen das Ergebnis vorliegt."*
8	Eine positive Reaktion ist hier wahrscheinlich. Ich als Leser habe die Möglichkeit, abzulehnen oder eine Alternative vorzuschlagen.
9	Was genau wünscht sich der Schreiber? Woran würde man erkennen können, dass er mehr Mitspracherecht erhalten hat? Deutlicher wäre: *„Ich würde gern an den Sitzungen des XYZ-Gremiums teilnehmen."*
10	Das wirkt negativ und etwas trotzig. Erfolgversprechender wäre: *„Damit wir unsere Arbeit im Kundenservice schaffen, möchten wir die Verantwortung für dieses Thema an das Projektteam zurückgeben."*
11	Gefühle eines anderen Menschen lassen sich nicht „verbitten". Wertschätzender wäre: *„Das ist keine leichte Situation für Sie. Was brauchen Sie, damit Sie …?"*

… Lösungsvorschläge für die Übungen

12	Diese Bitte ist konkret, ich als Leser weiß genau, was der Schreiber von mir erwartet.
13	Eine fröhliche Stimmung lässt sich nicht erzwingen. Erfolgversprechender wäre: *„Bitte kommt, egal in welcher Stimmung. Unser Programm verspricht unterhaltsam, das Essen lecker und die Musik tanzbar zu werden."*
14	Hier wird mir als Leser die Wahl gelassen. Ich habe die Chance, offen zu sein und gegebenenfalls eine Alternative vorzuschlagen.
15	Hierauf könnte ich als Leser ablehnend reagieren, weil ich mich unter Druck gesetzt fühlen und den Tonfall als fordernd empfinden könnte. Eine erfolgversprechendere Alternative: *„Wir möchten gern ungefähr … Euro ausgeben. Können Sie uns ein Angebot machen?"*
16	Was genau meint *„loyal"*? Was versteht der Schreiber darunter? Klarer formuliert könnte es zum Beispiel heißen: *„Bitte melden Sie sich in der Sitzung mit Ihren Argumenten zu Wort – damit würde unser Projekt Rückhalt bekommen."*

Wenig erfolgversprechende Bitten in erfolgversprechende verwandeln

Wenig erfolgversprechende Bitten	Erfolgversprechende Bitten
Ich möchte die gleichen Vorteile erhalten wie Herr X.	Ich hätte gern einen Rabatt von 10 Prozent.
Bitte ärgern Sie sich nicht darüber, dass Sie in diesem Jahr keinen Bonus erhalten.	Es ist ärgerlich für Sie, dass Sie in diesem Jahr keinen Bonus erhalten. Dies ist kein Ausdruck von mangelnder Wertschätzung, sondern die Folge der Verluste durch den Lockdown.
Übernehmen Sie bitte die Koordination der Pressekonferenz?	Würden Sie die Koordination der Pressekonferenz übernehmen?
Bitte verhalten Sie sich in Zukunft angemessen.	Bitte tragen Sie in Zukunft bei Terminen mit unseren Kunden einen Anzug und eine Krawatte.
Verzögern Sie bitte nicht wieder den Ablauf.	Bitte kommen Sie zu kurz vor der verabredeten Zeit zurück aus der Pause und bereiten Sie die Technik vor.

11.2 Freies Schreiben – Anleitung und Beispiel

1. Nehmen Sie einen Block, ein Blatt Papier und einen Stift zur Hand.
2. Schreiben Sie jetzt fünf Minuten „drauflos".
3. Den Text lesen Sie danach nicht noch einmal durch und Sie zeigen ihn niemandem.
4. Schreiben Sie immer weiter, ohne Denkpausen einzulegen.
5. Schreiben Sie einfach alles – unkontrolliert und unzensiert – auf, was Ihnen durch den Kopf geht.
6. Wenn Ihnen nichts einfällt, schreiben Sie zum Beispiel *„mir fällt nichts ein, mir fällt nichts ein"*, bis ein neuer Gedanke kommt.
7. Sie können auch Geräusche oder Körperempfindungen einbeziehen.
8. Auf Rechtschreibung und Grammatik, Vollständigkeit der Sätze oder sogar Wörter brauchen Sie nicht zu achten.
9. Üben Sie, den inneren Kritiker auszublenden – es geht nicht um die Qualität des Textes!

Beispiel für Freies Schreiben

Näheres über die Anwendung und den Nutzen dieser Schreibtechnik finden Sie in meinem Buch *Professionelles Schreibcoaching: Konzept, Methoden, Praxis*, Verlag Texthandwerk über Tredition, Hamburg 2018.

11.3 Literatur und Internetquellen

Brüggemeier, Beate: *Wertschätzende Kommunikation im Business: Wer sich öffnet, kommt weiter. Wie Sie die GFK im Berufsalltag nutzen*. Paderborn: Junfermann Verlag 2017.

Fleisch, Nico H.: *Das Quartett der Persönlichkeit – Das Riemann-Thomann-Modell in Beziehungen und Konflikten*. Bern: Haupt 2020.

Förster, Hans-Peter: *Professionell Briefe schreiben. Neue Wege der Geschäftskorrespondenz – kundengerecht und imagefördernd*. Frankfurt: F.A.Z.-Institut 2001.

Fröchling, Anke: *Professionelles Schreibcoaching – Konzept, Methoden, Praxis*. Hamburg: Verlag Texthandwerk über Tredition 2018.

Habeck, Robert: *Wer wir sein könnten – Warum unsere Demokratie eine offene und vielfältige Sprache braucht*. Köln: Kiepenheuer & Witsch 2018.

Harris, Amy Bjork / Harris, Thomas A.: *Einmal o.k., immer o.k. Transaktionsanalyse für den Alltag*. Reinbek bei Hamburg: Rowohlt 2011.

Rosenberg, Marshall B.: *Gewaltfreie Kommunikation*. Paderborn: Junfermann Verlag 2016.

Schulz von Thun, Friedemann / Langer, Inghard / Tausch, Reinhard: *Sich verständlich ausdrücken*. München: Ernst Reinhardt Verlag 2019.

Thomann, Christoph / Schulz von Thun, Friedemann: *Klärungshilfe 1 – Handbuch für Therapeuten, Gesprächshelfer und Moderatoren in schwierigen Gesprächen*. Seiten 176–262. Reinbek bei Hamburg: Rowohlt 2019.

https://www.blueprints.de/selbstwert/selbstwertgefuehl.html, zuletzt abgerufen am 29.04.2021.

https://www.gewaltfrei-online.de/gewaltfreie-kommunikation/beduerfnisse/, zuletzt abgerufen am 29.04.2021.

https://karrierebibel.de/psychohygiene/, zuletzt abgerufen am 29.04.2021.

https://newworkblog.de/new-work/, zuletzt abgerufen am 29.04.2021.

https://www.rheinisches-forum.de/old/assets/applets/REINDERS_Test-Riemann-Thomann.pdf, zuletzt abgerufen am 29.04.2021.

11.4 Dankeschön

Es liegt mir sehr am Herzen, danke zu sagen:

Allen voran Dr. Silja Schoett – durch ihr Lektorat konnte ich mein Manuskript noch deutlich weiterentwickeln. Ihre vielen Anmerkungen, Anregungen und Vorschläge fand ich außerordentlich hilfreich, klug und inspirierend. Darüber hinaus hat sie mir bis zum Abschluss des Überarbeitungsprozesses durch ihr wertschätzendes Feedback, ihre „Energiebällchen" und ihre Freundschaft viel Kraft, Energie und Zuversicht gegeben.

Dr. Anette Nagel (www.contexta.de), die meinem Manuskript mit ihrem Korrektorat zur Druckreife verholfen hat. Sie hat in meinem Text nicht nur etliche Fehler aufgespürt, sondern mich darüber hinaus auf die letzten Fragezeichen aus Lesersicht aufmerksam gemacht.

Meinen vielzähligen Kunden, Klienten, Auftraggebern für ihr Vertrauen, ihre Mitarbeit, ihr stärkendes Feedback!

Richard Schneider, der mich auf das Riemann-Thomann-Modell aufmerksam gemacht hat.

Meiner Familie, die mich auf alle erdenkliche Art und Weise unterstützt. Hier besonders meiner Mami, Jürgen, meiner Schwester und meiner Stiefmami! Meinem Papi, von dem ich mein Leben lang viel Wertschätzung erfahren habe und der mir sehr fehlt. Meinem Ex-Mann für das, was er gegeben hat und für das, was ich in unseren gemeinsamen Jahren über mich selbst, über Kommunikation und über Wertschätzung gelernt habe. Und meinen Kindern Robin und Madita, die im Spannungsbogen von der Idee bis zum Erscheinen dieses Buches geduldig und sehr bestärkend waren.

11.5 Die Autorin

Anke Fröchling ist Diplom-Kulturpädagogin und ausgebildete Trainerin für berufliches und wissenschaftliches Schreiben.

Seit 1999 ist sie Korrespondenztrainerin im deutschsprachigen Raum. In ihren teilnehmerorientierten Seminaren und Workshops gibt sie ihr Wissen und Know-how in den Bereichen *aktueller Sprachstil, Verständlichkeit* und *wertschätzende Kommunikation* weiter. Als Beraterin begleitet sie Kundenservices in Projekten zu einer verständlichen, frischen und respektvollen Art des Korrespondierens.

Ihre vielfältigen Einsätze in den unterschiedlichsten Unternehmen und Branchen, ihre damit verbundene Weiterentwicklung und ihr persönlicher Weg führten sie zum *Konzept der wertschätzenden Korrespondenz*.

Darüber hinaus ist Anke Fröchling die Pionierin des Schreibcoachings und setzt sich dafür ein, den Begriff für eine hoch qualifizierte Dienstleistung zu verwenden. 2002 veröffentlichte sie mit *Schreibcoaching – ein innovatives Beratungskonzept* ein wissenschaftliches Konzept für Schreibcoaching analog zum Führungskräftecoaching. 2018 erschien ihr Buch *Professionelles Schreibcoaching*.

Ursprünglich Hamburgerin, lebt Anke Fröchling seit 2009 in München. Ihre beiden Kinder sind Jahrgang 2003 und 2007.

11.6 Stichwortverzeichnis

A
Abkürzungen 28, 49
Absätze 34, 55
Aktiv statt Passiv 21 f.
Anhänge bei E-Mails 56
Anrede und Grüße 53
Auf den Punkt bringen 23 f.

B
Bedürfnispyramide 162 ff.
Betreff 34, 52, 198
Bitten 135, 137 ff., 172 ff.
- erfolgversprechende 174 ff.
- wenig erfolgversprechende 173, 176

C
Corporate Identity 66, 70
- Design 66
- Writing 66

D
DIN 5008 36

E
Eisbergmodell 145 ff.
E-Mails 31, 34 ff., 37 ff.
- Netiquette 37 ff.
- Pyramide der Wichtigkeit 53 f.
Emoticons 51, 70, 72, 205

F
Farbtyp 62 ff.
Freies Schreiben 150, 211
Fremdwörter 27, 30, 44
Füllwörter 23 f.

G
Gestaltung 33 ff., 66
Gewaltfreie Kommunikation 135 ff.
Grundtendenzen 80 ff.

H
Heimatgebiet 83, 92 ff.
Hilfsverben 23
Historie in E-Mails 56
Humor 64, 165, 201 ff.

I
Ich-Zustände der Persönlichkeit 116 ff.
Innerer Schweinehund 185
Ironie 49 f.

K
Kleinschreibung in E-Mails 54 f.
Koordinatensystem 83, 89 ff.
Kürze 48

L
Layout 34 ff.

M
Maslow'sche Bedürfnishierarchie 162

N
Netiquette 37 ff.

P
Papierdeutsch 29 f.
Persönlichkeitszustände 116 ff.
Persönlichkeitstyp 80 ff.
Pleonasmen (Doppelmoppel) 23 f.
Positiv formulieren 25 f.
Psychohygiene 179 ff.
Pyramide der Wichtigkeit 53 f.

R
Riemann-Thomann-Modell 79 ff.

S
Sandwich-Technik 33
Satzbau 16 ff.

Satzlänge 14 f., 55
Selbstwertschätzung 59, 186 ff.
Signatur 35, 36, 55, 198
Staubfrei schreiben 18 f.
Stil 13 ff., 43 ff.
Struktur 31 ff., 53 f., 55, 165, 166, 197

T
Tonfall 43 ff., 68, 119
Transaktionen 120 ff.
Transaktionsanalyse 113 ff.

V
Verben 17 f., 20 ff.
Verständlich schreiben 26 ff., 198
Verteiler bei E-Mails 40 ff.
Vier-Farb-Modell 61 ff.

W
Wertschätzende Kommunikation 135 ff.
- Beobachtung 137 ff., 140 ff.
- Gefühl 137 ff., 144 ff.
- Bedürfnis 137 ff., 162 ff.
- Bitte/Handlung 137 ff., 172 ff.

Z
Zwischennachricht 39